(사)한국어문회 주관
한자능력 검정시험

자꾸 공부 하고픈 책

4級 II 750字

羅鍾述 엮음
金道蓮

어문출판사

머 리 말

    漢字는 하면 할수록 재밌습니다.
뜻을 알고 익힐 경우 그 속에 禮가 있고 그 속에 自然의 理致가 담겨져 있습니다. 漢字 하나 하나를 익히는 것이 아니라, 이런 진정한 뜻의 漢字 工夫를 많이 함으로써 思考力과 이해력, 남을 배려하는 마음을 길러 자라나는 아이들의 世上이 보다 따뜻해지고, 다른 學問을 하는데도 토대가 되도록 自習하기 좋고, 지도하기 便利하도록 이 冊책을 心血을 기울여 만들었습니다.

    아무쪼록 이 冊을 通하여, 初等學校때 부터 단계적인 漢字工夫를 하여 人性에도 도움이 되며 他 科目에도 두루 영향을 끼치는 漢字로 거듭 나기를 바라면서, 더불어 漢字級數자격증까지 취득한다면 그 동안 인내하면서 漢字에 노력을 기울인 것에 대한 보람과 自信感을 가지게 될 것입니다.

    이 冊으로 工夫하신 모든 분들의 合格을 기원합니다.

편저자 씀

次 例

Ⅰ. 배정한자 : 급수별(8級～4級Ⅱ) …………… 9
Ⅱ. 복습부분 : ⑴ 부　　수 …………………… 20
　　　　　　 ⑵ 쓰기범위(8級～5Ⅱ) ……… 21
　　　　　　 ⑶ 단　　어 …………………… 24
　　　　　　 ⑷ 고사성어 …………………… 31
Ⅲ. 본　　문 : 4級Ⅱ 신출한자 250字 ……… 41
　　　　　　 ▶본문일람표 / 40
　　　　　　 ▶본문활용단어훈음 / 69
Ⅳ. 응용학습 : ⑴ 훈음테스트 ………………… 79
　　　　　　 ⑵ 한자테스트 ………………… 90
　　　　　　 ⑶ 독음테스트 ………………… 96
　　　　　　 ⑷ 단어공부 : [단　　문] …… 100
　　　　　　　　　　　　　[신문사설] …… 102
　　　　　　　　　　　　　[생활한자] …… 103
　　　　　　 ⑸ 반대자·유의자 …………… 107
　　　　　　 ⑹ 약자 ………………………… 115
　　　　　　 ⑺ 틀리기 쉬운 부수 ………… 117
　　　　　　 ⑻ 동음이의어와 장·단음 …… 118
Ⅴ. 예상문세 : ……………………………………… 125

□□ 附錄(부록) □□

| 자음색인 8級～4級Ⅱ 750字 | … 144 |

한자능력검정시험 출제기준

문제유형	8급	7Ⅱ	7급	6Ⅱ	6급	5Ⅱ	5급	4Ⅱ	4급	3Ⅱ	3급	2급	1급	특Ⅱ	특급
배정한자수	50	100	150	225	300	400	500	750	1,000	1,500	1,817	2,355	3,500	4,918	5,978
출제문항수	50	60	70	80	90	100	100	100	100	150	150	150	200	200	200
합격점	35	42	49	56	63	70	70	70	70	105	105	105	160	160	160
독음테스트	24	22	32	32	33	35	35	35	32	45	45	45	50	45	45
훈음테스트	24	30	30	29	22	23	23	22	22	27	27	27	32	27	27
한자쓰기	0	0	0	10	20	20	20	20	20	30	30	30	40	40	40
반대어	0	2	2	2	3	3	3	3	3	10	10	10	10	10	10
유의어	0	0	0	0	2	3	3	3	3	5	5	5	10	10	10
뜻풀이	0	2	2	2	2	3	3	3	3	5	5	5	10	5	5
필순	2	2	2	3	3	3	3	0	0	0	0	0	0	0	0
완성형(성어)	0	2	2	2	3	4	4	5	5	10	10	10	15	10	10
약자	0	0	0	0	0	3	3	3	3	3	3	3	3	3	3
부수	0	0	0	0	0	0	0	3	3	5	5	5	10	10	10
동음이의어	0	0	0	0	0	2	3	3	3	5	5	5	10	10	10
장단음	0	0	0	0	0	0	0	0	3	5	5	5	10	10	10
한문	0	0	0	0	0	0	0	0	0	0	0	0	0	20	20
쓰기범위	0	0	0	50	150	225	300	400	500	750	1,000	1,817	2,005	2,355	3,500
시험시간	50분									60분			90분	100분	

● **한자능력검정시험 년4회** : (공인급수 특급~3Ⅱ) ┐ 2, 5, 8, 11월 넷째土 시행
                           (교육급수 4급 ~ 8급) ┘ (교육급수 11時, 공인급수 15時)
                  접수기간: 대략 시험일의 2개월前 www.hanja.re.kr

● **한자능력검정시험 국가 재공인 확정** (2019년 11월 7일)
  ▷ 2005학년도 대입 수능 제2외국어로 한문 채택
  ▷ 특급~3Ⅱ는 교육부훈령 제607호 제11조에 의거 학생 생활 기록부 '자격증'란에 기재하고
     4급~8급은 동령 제18조의 규정에 따라 '세부능력, 특기사항'란에 기재됩니다.

● **한자능력검정자격증의 특혜**
  ▷ 부산대,경상대,경북대,중앙대,경북과학대,한세대등 한자와 관련학과 수시모집 특별 전형
  ▷ 대학 교양과목이수와 졸업 시 자격증 인정   ▷ 육군 간부 승진에 공식 반영
  ▷ 조선일보 기자채용 시 우대   ▷ 각 기업체 입사, 승진 시 반영

접수방법 ① 접수처방문 ② 인터넷접수

① 접수처방문 ・준비물: 사진2매(3×4)/한자성명/주민등록번호/전화번호/주소/우편번호
・고사장수용인원초과시 조기마감 될 수 있습니다.
・전국고사장 및 시험문의: 한국어문회 1566-1400 www.hanja.re.kr

② 인터넷접수 www.hangum.re.kr

◆2003년도 인터넷 원서 접수부터는 이용자약관에 동의하여 회원가입한 분만 인터넷 원서 접수가 가능.

◆인터넷회원가입준비물 : 이름, 한자이름, 전화번호, 주소등의 인적사항과 스캔된 본인의 사진이미지

◆먼저 회원가입을 해 놓은 응시자는 인터넷접수일자에 본인의 개인정보 및 사진 정보등록 없이 로그인만 하면 바로 접수하기가 가능합니다.

◆회원가입을 하면서의 응시자 인적 정보는 본회의 시험 응시에만 사용 되고 다른 어떠한 용도로도 사용 되지 않음을 밝힙니다.

한국어문회 2003. 2. 7 발표 인용

(사)한국어문회・한국한자능력검정회

서울특별시 서초구 서초동 1627-1 교대벤처타워 401호
02) 525-4951,   02) 6003-1400

http://www.hanja.re.kr
http://www.klls.or.kr

인구별 성씨

金	쇠 금 성 김		吳	오나라 오	
李	오얏리(이)		徐	천천히 서	
朴	순박할 박		權	권세 권	
崔	높을 최		黃	누를 황	
鄭	나라 정		宋	송나라 송	
丁	장정 정		柳	버들류(유)	
姜	굳셀 강		洪	넓을 홍	
趙	나라 조		全	온전 전	
曺	성 조		田	밭 전	
尹	다스릴 윤		高	높을 고	
張	베풀 장		文	글월 문	
林	수풀림(임)		孫	손자 손	
韓	나라 한		裵	성 배	
申	납 신		許	허락 허	
辛	매울 신		南	남녘 남	

(친구들 성명을 적어 보세요)

漢字와 漢字語의 짜임

漢字의 짜임 (육서)	1. 상형문자 (象形文字) 사물의 모양을 본떠 만든 한자	日 月 火 水 山 川
	2. 지사문자 (指事文字) 볼 수 없는 추상적인 생각이나 뜻 나타낸 한자	一 上 中 下 本 末
	3. 회의문자 (會意文字) 두 글자의 뜻을 모아 새로운 뜻을 나타낸 한자	東 先 安 休 農 明
	4. 형성문자 (形聲文字) 한 글자는 뜻, 다른 글자는 음으로 만든 한자	村 空 記 問 少 字
	5. 전주문자 (轉注文字) 세월이 지나면서 새로 뜻이 부여된 한자	樂 復 說
	6. 가차문자 (假借文字) 외래어의 음을 한자로 바꾼 한자	巴里 (파리)
漢字語의 짜임	1. 유사관계 (비슷한자) ~과(와)	土=地　海=洋　樹=木
	2. 대립관계 (반대자) ~과(와)	大↔小　內↔外　前↔後
	3. 수식관계 (꾸며주는 말) ~의, ~한(은)	國語　高山　明月 나라의 말　높은 산　밝은 달
	4. 대등관계 (동등한 말) ~과(와)	衣-食　仁-義　言-行 옷과 밥　어짊과 옳음　말과 행동
	5. 주술관계 (주어¹+서술어²) ~은(는), 이, 가, 께서 ~다.	山¹‖高²　月¹‖明²　水¹‖深² 산이 높다　달이 밝다　물이 깊다
	6. 술목관계 (서술어+목적어) ~을(를)~다.	讀²│書¹　交²│友¹　問²│安¹ 글을 읽다　벗을 사귀다　안부를 여쭤보다
	7. 술보관계 (서술어+보어) ~에게, ~에서, ~에(장소),보다, 있다, 없다, 쉽다, 어렵다의 주체	入²/學¹　登²/校¹　出²/席¹ 배움에 들어가다　학교에 가다　자리에 나아가다 有/口　無/言 입이 있다　말이 없다

I. 배정한자

8급 ………… 50자

7Ⅱ ………… 50자

7급 ………… 50자

6Ⅱ ………… 75자

6급 ………… 75자

5Ⅱ ………… 100자

5급 ………… 100자

4Ⅱ ………… 250자

總 750 字

☻☻☻ 俗談(속담) ☻☻☻

- 십년이면 강산도 변한다
- 싸움은 말리고 흥정은 붙이랬다
- 싼 것이 비지떡
- 쌈지 돈이 주머니 돈
- 쓰면 뱉고 달면 삼킨다
- 아는 것이 병
- 아는 길도 물어 가라
- 아니 땐 굴뚝에 연기 나랴
- 아닌 밤중에 홍두깨
- 안성 맞춤이라

8급 배정한자 (신출한자 50字)

漢字	훈	음	부수
敎	가르칠	교	[攵]
校	학교	교	[木]
九	아홉	구	[乙]
國	나라	국	[囗]
軍	군사	군	[車]
金	쇠	금	[金]
南	남녘	남	[十]
女	계집	녀	[女]
年	해	년	[干]
大	큰	대	[大]
東	동녘	동	[木]
六	여섯	륙	[八]
萬	일만	만	[艹]
母	어미	모	[毋]
木	나무	목	[木]
門	문	문	[門]
民	백성	민	[氏]
白	흰	백	[白]
父	아비	부	[父]
北	북녘	북	[匕]
四	넉	사	[囗]
山	메	산	[山]
三	석	삼	[一]
生	날	생	[生]
西	서녘	서	[襾]
先	먼저	선	[儿]
小	작을	소	[小]
水	물	수	[水]
室	집	실	[宀]
十	열	십	[十]
五	다섯	오	[二]
王	임금	왕	[玉]
外	바깥	외	[夕]
月	달	월	[月]
二	두	이	[二]
人	사람	인	[人]
日	날	일	[日]
一	한	일	[一]
長	긴	장	[長]
弟	아우	제	[弓]
中	가운데	중	[丨]
靑	푸를	청	[靑]
寸	마디	촌	[寸]
七	일곱	칠	[一]
土	흙	토	[土]
八	여덟	팔	[八]
學	배울	학	[子]
韓	나라	한	[韋]
兄	형	형	[儿]
火	불	화	[火]

7급Ⅱ 배정한자 (신출한자 50字)

漢字	훈	음	부수
家	집	가	[宀]
間	사이	간	[門]
江	강	강	[水]
車	수레 차(거)		[車]
空	빌	공	[穴]
工	장인	공	[工]
記	기록할	기	[言]
氣	기운	기	[气]
男	사내	남	[田]
內	안	내	[入]
農	농사	농	[辰]
答	대답	답	[竹]
道	길	도	[辶]
動	움직일	동	[力]
力	힘	력	[力]
立	설	립	[立]
每	매양	매	[毋]
名	이름	명	[口]
物	물건	물	[牛]
方	모	방	[方]
不	아닐	불	[一]
事	일	사	[亅]
上	위	상	[一]
姓	성	성	[女]
世	인간	세	[一]
手	손	수	[手]
時	때	시	[日]
市	저자	시	[巾]
食	먹을	식	[食]
安	편안	안	[宀]
午	낮	오	[十]
右	오른	우	[口]
自	스스로	자	[自]
子	아들	자	[子]
場	마당	장	[土]
電	번개	전	[雨]
前	앞	전	[刀]
全	온전	전	[入]
正	바를	정	[止]
足	발	족	[足]
左	왼	좌	[工]
直	곧을	직	[目]
平	평평할	평	[干]
下	아래	하	[一]
漢	한수	한	[水]
海	바다	해	[水]
話	말씀	화	[言]
活	살	활	[水]
孝	효도	효	[子]
後	뒤	후	[彳]

6급Ⅱ 배정한자

신출한자 75字

漢字	訓	音	部首
各	각각	각	[口]
角	뿔	각	[角]
計	셀	계	[言]
界	지경	계	[田]
高	높을	고	[高]
功	공	공	[力]
公	공평할	공	[八]
共	한가지	공	[八]
科	과목	과	[禾]
果	실과	과	[木]
光	빛	광	[儿]
球	공	구	[玉]
今	이제	금	[人]
急	급할	급	[心]
短	짧을	단	[矢]
堂	집	당	[土]
代	대신	대	[人]
對	대할	대	[寸]
圖	그림	도	[口]
讀	읽을	독	[言]
童	아이	동	[立]
等	무리	등	[竹]
樂	즐길	락	[木]
利	이할	리	[刀]
理	다스릴	리	[玉]
明	밝을	명	[日]
聞	들을	문	[耳]
班	나눌	반	[玉]
反	돌아올	반	[又]
半	반	반	[十]
發	필	발	[癶]
放	놓을	방	[攵]
部	떼	부	[邑]
分	나눌	분	[刀]
社	모일	사	[示]
書	글	서	[曰]
線	줄	선	[糸]
雪	눈	설	[雨]
省	살필	성	[目]
成	이룰	성	[戈]
消	사라질	소	[水]
術	재주	술	[行]
始	비로소	시	[女]
神	귀신	신	[示]
身	몸	신	[身]
信	믿을	신	[人]
新	새	신	[斤]
藥	약	약	[艹]
弱	약할	약	[弓]
業	업	업	[木]
所	바	소	[戶]
少	적을	소	[小]
數	셈	수	[攵]
植	심을	식	[木]
心	마음	심	[心]
語	말씀	어	[言]
然	그럴	연	[火]
有	있을	유	[月]
育	기를	육	[肉]
邑	고을	읍	[邑]
入	들	입	[入]
字	글자	자	[子]
祖	할아비	조	[示]
住	살	주	[人]
主	주인	주	[丶]
重	무거울	중	[里]
地	땅	지	[土]
紙	종이	지	[糸]
川	내	천	[川]
千	일천	천	[十]
天	하늘	천	[大]
草	풀	초	[艹]
村	마을	촌	[木]
秋	가을	추	[禾]
春	봄	춘	[日]
出	날	출	[凵]
便	편할	편	[人]
夏	여름	하	[夂]
花	꽃	화	[艹]
休	쉴	휴	[人]

7급 배정한자

신출한자 50字

漢字	訓	音	部首
歌	노래	가	[欠]
口	입	구	[口]
旗	기	기	[方]
冬	겨울	동	[冫]
洞	골	동	[水]
同	한가지	동	[口]
登	오를	등	[癶]
來	올	래	[人]
老	늙을	로	[耂]
里	마을	리	[里]
林	수풀	림	[木]
面	낯	면	[面]
命	목숨	명	[口]
文	글월	문	[文]
問	물을	문	[口]
百	일백	백	[白]
夫	지아비	부	[大]
算	셈	산	[竹]
色	빛	색	[色]
夕	저녁	석	[夕]

6급 배정한자

신출한자 75字

한자	훈	음	부수
勇	날랠	용	[力]
用	쓸	용	[用]
運	옮길	운	[辶]
飮	마실	음	[食]
音	소리	음	[音]
意	뜻	의	[心]
昨	어제	작	[日]
作	지을	작	[人]
才	재주	재	[手]
戰	싸울	전	[戈]
庭	뜰	정	[广]
題	제목	제	[頁]
第	차례	제	[竹]
注	부을	주	[水]
集	모을	집	[隹]
窓	창	창	[穴]
淸	맑을	청	[水]
體	몸	체	[骨]
表	겉	표	[衣]
風	바람	풍	[風]
幸	다행	행	[干]
現	나타날	현	[玉]
形	모양	형	[彡]
和	화할	화	[口]
會	모일	회	[曰]

[신출한자 75자]

한자	훈	음	부수
感	느낄	감	[心]
強	강할	강	[弓]
開	열	개	[門]
京	서울	경	[亠]
苦	쓸	고	[艹]
古	예	고	[口]
交	사귈	교	[亠]
區	구분할	구	[匸]
郡	고을	군	[邑]
近	가까울	근	[辶]
根	뿌리	근	[木]
級	등급	급	[糸]
多	많을	다	[夕]
待	기다릴	대	[彳]
度	법도	도	[广]
頭	머리	두	[頁]
例	법식	례	[人]
禮	예도	례	[示]
路	길	로	[足]
綠	푸를	록	[糸]

한자	훈	음	부수
李	오얏	리	[木]
目	눈	목	[目]
米	쌀	미	[米]
美	아름다울	미	[羊]
朴	성	박	[木]
番	차례	번	[田]
別	다를	별	[刀]
病	병	병	[疒]
服	옷	복	[月]
本	근본	본	[木]
死	죽을	사	[歹]
使	하여금	사	[人]
石	돌	석	[石]
席	자리	석	[巾]
速	빠를	속	[辶]
孫	손자	손	[子]
樹	나무	수	[木]
習	익힐	습	[羽]
勝	이길	승	[力]
式	법	식	[弋]
失	잃을	실	[大]
愛	사랑	애	[心]
野	들	야	[里]
夜	밤	야	[夕]
陽	볕	양	[阜]
洋	큰바다	양	[水]
言	말씀	언	[言]
永	길	영	[水]
英	꽃부리	영	[艹]
溫	따뜻할	온	[水]

한자	훈	음	부수
園	동산	원	[口]
遠	멀	원	[辶]
油	기름	유	[水]
由	말미암을	유	[田]
銀	은	은	[金]
衣	옷	의	[衣]
醫	의원	의	[酉]
者	놈	자	[耂]
章	글	장	[立]
在	있을	재	[土]
定	정할	정	[宀]
朝	아침	조	[月]
族	겨레	족	[方]
晝	낮	주	[日]
親	친할	친	[見]
太	클	태	[大]
通	통할	통	[辶]
特	특별할	특	[牛]
合	합할	합	[口]
行	다닐	행	[行]
向	향할	향	[口]
號	이름	호	[虍]
畵	그림	화	[田]
黃	누를	황	[黃]
訓	가르칠	훈	[言]

[신출한자 75자]

5급 II 배정한자

신출한자 100字

한자	훈	음	부수
價	값	가	[人]
客	손	객	[宀]
格	격식	격	[木]
見	볼	견	[見]
決	결단할	결	[水]
結	맺을	결	[糸]
敬	공경	경	[攵]
告	고할	고	[口]
課	공부할	과	[言]
過	지날	과	[辶]
關	관계할	관	[門]
觀	볼	관	[見]
廣	넓을	광	[广]
具	갖출	구	[八]
舊	예	구	[臼]
局	판	국	[尸]
己	몸	기	[己]
基	터	기	[土]
念	생각	념	[心]
能	능할	능	[肉]
團	둥글	단	[囗]
當	마땅	당	[田]
德	큰	덕	[彳]
到	이를	도	[刀]
獨	홀로	독	[犬]
朗	밝을	랑	[月]
良	어질	량	[艮]
旅	나그네	려	[方]
歷	지날	력	[止]
練	익힐	련	[糸]
勞	일할	로	[力]
類	무리	류	[頁]
流	흐를	류	[水]
陸	뭍	륙	[阜]
望	바랄	망	[月]
法	법	법	[水]
變	변할	변	[言]
兵	병사	병	[八]
福	복	복	[示]
奉	받들	봉	[大]
史	사기	사	[口]
士	선비	사	[士]
仕	섬길	사	[人]
産	낳을	산	[生]
相	서로	상	[目]
商	장사	상	[口]
鮮	고울	선	[魚]
仙	신선	선	[人]
說	말씀	설	[言]
性	성품	성	[心]
洗	씻을	세	[水]
歲	해	세	[止]
束	묶을	속	[木]
首	머리	수	[首]
宿	잘	숙	[宀]
順	순할	순	[頁]
識	알	식	[言]
臣	신하	신	[臣]
實	열매	실	[宀]
兒	아이	아	[儿]
惡	악할	악	[心]
約	맺을	약	[糸]
養	기를	양	[食]
要	요긴할	요	[襾]
友	벗	우	[又]
雨	비	우	[雨]
雲	구름	운	[雨]
元	으뜸	원	[儿]
偉	클	위	[人]
以	써	이	[人]
任	맡길	임	[人]
材	재목	재	[木]
財	재물	재	[貝]
的	과녁	적	[白]
典	법	전	[八]
傳	전할	전	[人]
展	펼	전	[尸]
切	끊을절. 온통체		[刀]
節	마디	절	[竹]
店	가게	점	[广]
情	뜻	정	[心]
調	고를	조	[言]
卒	마칠	졸	[十]
種	씨	종	[禾]
週	주일	주	[辶]
州	고을	주	[川]
知	알	지	[矢]
質	바탕	질	[貝]
着	붙을	착	[目]
參	참여할	참	[厶]
責	꾸짖을	책	[貝]
充	채울	충	[儿]
宅	집	택	[宀]
品	물건	품	[口]
必	반드시	필	[心]
筆	붓	필	[竹]
害	해할	해	[宀]
化	될	화	[匕]
效	본받을	효	[攵]
凶	흉할	흉	[凵]

[신출한자 100자]

8급~5급 II 까지는
총 400자입니다.

[4 II 시험 쓰기범위입니다]

- 14 -

5급 배정한자

신출한자 100字

한자	훈	음	부수
加	더할	가	[力]
可	옳을	가	[口]
改	고칠	개	[攴]
去	갈	거	[厶]
擧	들	거	[手]
健	굳셀	건	[人]
件	물건	건	[人]
建	세울	건	[廴]
輕	가벼울	경	[車]
競	다툴	경	[立]
景	볕	경	[日]
固	굳을	고	[口]
考	생각할	고	[耂]
曲	굽을	곡	[曰]
橋	다리	교	[木]
救	구원할	구	[攴]
貴	귀할	귀	[貝]
規	법	규	[見]
給	줄	급	[糸]
汽	물끓는김	기	[水]
期	기약할	기	[月]
技	재주	기	[手]
吉	길할	길	[口]
壇	단	단	[土]
談	말씀	담	[言]
都	도읍	도	[邑]
島	섬	도	[山]
落	떨어질	락	[艹]
冷	찰	랭	[冫]
量	헤아릴	량	[里]
領	거느릴	령	[頁]
令	하여금	령	[人]
料	헤아릴	료	[斗]
馬	말	마	[馬]
末	끝	말	[木]
亡	망할	망	[亠]
買	살	매	[貝]
賣	팔	매	[貝]
無	없을	무	[火]
倍	곱	배	[人]
費	쓸	비	[貝]
比	견줄	비	[比]
鼻	코	비	[鼻]
氷	얼음	빙	[水]
寫	베낄	사	[宀]
査	조사할	사	[木]
思	생각	사	[心]
賞	상줄	상	[貝]
序	차례	서	[广]
選	가릴	선	[辶]
船	배	선	[舟]
善	착할	선	[口]
示	보일	시	[示]
案	책상	안	[木]
魚	고기	어	[魚]
漁	고기잡을	어	[水]
億	억	억	[人]
熱	더울	열	[火]
葉	잎	엽	[艹]
屋	집	옥	[尸]
完	완전할	완	[宀]
曜	빛날	요	[日]
浴	목욕할	욕	[水]
牛	소	우	[牛]
雄	수컷	웅	[隹]
院	집	원	[阜]
原	언덕	원	[厂]
願	원할	원	[頁]
位	자리	위	[人]
耳	귀	이	[耳]
因	인할	인	[口]
災	재앙	재	[火]
再	두	재	[冂]
爭	다툴	쟁	[爪]
貯	쌓을	저	[貝]
赤	붉을	적	[赤]
停	머무를	정	[人]
操	잡을	조	[手]
終	마칠	종	[糸]
罪	허물	죄	[罒]
止	그칠	지	[止]
唱	부를	창	[口]
鐵	쇠	철	[金]
初	처음	초	[刀]
最	가장	최	[曰]
祝	빌	축	[示]
致	이를	치	[至]
則	법칙	칙	[刀]
他	다를	타	[人]
打	칠	타	[手]
卓	높을	탁	[十]
炭	숯	탄	[火]
板	널	판	[木]
敗	패할	패	[攴]
河	물	하	[水]
寒	찰	한	[宀]
許	허락	허	[言]
湖	호수	호	[水]
患	근심	환	[心]
黑	검을	흑	[黑]

[신출한자 100자]

8급~5급까지는
총 500자입니다.

4급 Ⅱ 배정한자

신출한자 250字

한자	훈음	부수
街	거리 가	[行]
假	거짓 가	[人]
減	덜 감	[水]
監	볼 감	[皿]
康	편안 강	[广]
講	욀 강	[言]
個	낱 개	[人]
檢	검사할 검	[木]
潔	깨끗할 결	[水]
缺	이지러질 결	[缶]
慶	경사 경	[心]
警	깨우칠 경	[言]
境	지경 경	[土]
經	지날 경	[糸]
係	맬 계	[人]
故	연고 고	[攴]
官	벼슬 관	[宀]
求	구할 구	[水]
句	글귀 구	[口]
究	연구할 구	[穴]
宮	집 궁	[宀]
權	권세 권	[木]
極	극진할 극	[木]
禁	금할 금	[示]
器	그릇 기	[口]
起	일어날 기	[走]
暖	따뜻할 난	[日]
難	어려울 난	[隹]
怒	성낼 노	[心]
努	힘쓸 노	[力]
斷	끊을 단	[斤]
端	끝 단	[立]
檀	박달나무 단	[木]
單	홑 단	[口]
達	통달할 달	[辶]
擔	멜 담	[手]
黨	무리 당	[黑]
帶	띠 대	[巾]
隊	무리 대	[阜]
導	인도할 도	[寸]
督	감독할 독	[目]
毒	독 독	[毋]
銅	구리 동	[金]
斗	말 두	[斗]
豆	콩 두	[豆]
得	얻을 득	[彳]
燈	등 등	[火]
羅	벌릴 라	[四]
兩	두 량	[入]
麗	고울 려	[鹿]
連	이을 련	[辶]
列	벌릴 렬	[刀]
錄	기록할 록	[金]
論	논할 론	[言]
留	머무를 류	[田]
律	법칙 률	[彳]
滿	찰 만	[水]
脈	줄기 맥	[肉]
毛	터럭 모	[毛]
牧	칠 목	[牛]
武	호반 무	[止]
務	힘쓸 무	[力]
味	맛 미	[口]
未	아닐 미	[木]
密	빽빽할 밀	[宀]
博	넓을 박	[十]
防	막을 방	[阜]
房	방 방	[戶]
訪	찾을 방	[言]
配	나눌 배	[酉]
背	등 배	[肉]
拜	절 배	[手]
罰	벌할 벌	[网]
伐	칠 벌	[人]
壁	벽 벽	[土]
邊	가 변	[辶]
報	갚을 보	[土]
步	걸음 보	[止]
寶	보배 보	[宀]
保	지킬 보	[人]
復	회복할 복	[彳]
府	마을 부	[广]
婦	며느리 부	[女]
副	버금 부	[刀]
富	부자 부	[宀]
佛	부처 불	[人]
備	갖출 비	[人]
飛	날 비	[飛]
悲	슬플 비	[心]
非	아닐 비	[非]

貧	가난할빈	[貝]	守	지킬 수	[宀]	員	인원 원	[口]	製	지을 제 [衣]
謝	사례할사	[言]	純	순수할순	[糸]	衛	지킬 위	[行]	助	도울 조 [力]
師	스승 사	[巾]	承	이을 승	[手]	爲	할 위	[爪]	鳥	새 조 [鳥]
寺	절 사	[寸]	施	베풀 시	[方]	肉	고기 육	[肉]	早	이를 조 [日]
舍	집 사	[舌]	視	볼 시	[見]	恩	은혜 은	[心]	造	지을 조 [辶]
殺	죽일 살	[殳]	詩	시 시	[言]	陰	그늘 음	[阜]	尊	높을 존 [寸]
狀	형상 상	[犬]	試	시험 시	[言]	應	응할 응	[心]	宗	마루 종 [宀]
常	떳떳할상	[巾]	是	이 시	[日]	義	옳을 의	[羊]	走	달릴 주 [走]
床	상 상	[广]	息	쉴 식	[心]	議	의논할의	[言]	竹	대 죽 [竹]
想	생각 상	[心]	申	납 신	[田]	移	옮길 이	[禾]	準	준할 준 [水]
設	베풀 설	[言]	深	깊을 심	[水]	益	더할 익	[皿]	衆	무리 중 [血]
星	별 성	[日]	眼	눈 안	[目]	引	끌 인	[弓]	增	더할 증 [土]
聖	성인 성	[耳]	暗	어두울암	[日]	印	도장 인	[卩]	指	가리킬지 [手]
盛	성할 성	[皿]	壓	누를 압	[土]	認	알 인	[言]	志	뜻 지 [心]
聲	소리 성	[耳]	液	진 액	[水]	障	막을 장	[阜]	至	이를 지 [至]
城	재 성	[土]	羊	양 양	[羊]	將	장수 장	[寸]	支	지탱할지 [支]
誠	정성 성	[言]	如	같을 여	[女]	低	낮을 저	[人]	職	직분 직 [耳]
細	가늘 세	[糸]	餘	남을 여	[食]	敵	대적할적	[攵]	進	나아갈진 [辶]
稅	세금 세	[禾]	逆	거스릴역	[辶]	田	밭 전	[田]	眞	참 진 [目]
勢	형세 세	[力]	演	펼 연	[水]	絶	끊을 절	[糸]	次	버금 차 [欠]
素	본디 소	[糸]	硏	갈 연	[石]	接	이을 접	[手]	察	살필 찰 [宀]
掃	쓸 소	[手]	煙	연기 연	[火]	程	길 정	[禾]	創	비롯할창 [刀]
笑	웃음 소	[竹]	榮	영화 영	[木]	政	정사 정	[攵]	處	곳 처 [虍]
續	이을 속	[糸]	藝	재주 예	[艹]	精	정할[精] 정	[米]	請	청할 청 [言]
俗	풍속 속	[人]	誤	그르칠오	[言]	濟	건널 제	[水]	總	다 총 [糸]
送	보낼 송	[辶]	玉	구슬 옥	[玉]	提	끌 제	[手]	銃	총 총 [金]
收	거둘 수	[攵]	往	갈 왕	[彳]	制	절제할제	[刀]	蓄	모을 축 [艹]
修	닦을 수	[人]	謠	노래 요	[言]	際	즈음 제	[阜]	築	쌓을 축 [竹]
受	받을 수	[又]	容	얼굴 용	[宀]	除	덜 제	[阜]	蟲	벌레 충 [虫]
授	줄 수	[手]	圓	둥글 원	[口]	祭	제사 제	[示]	忠	충성 충 [心]

取	가질 취	[又]
測	헤아릴측	[水]
治	다스릴치	[水]
置	둘 치	[罒]
齒	이 치	[齒]
侵	침노할침	[人]
快	쾌할 쾌	[心]
態	모습 태	[心]
統	거느릴통	[糸]
退	물러날퇴	[辶]
破	깨뜨릴파	[石]
波	물결 파	[水]
砲	대포 포	[石]
布	베 포	[巾]
包	쌀[감쌀] 포	[勹]
暴	사나울폭	[日]
票	표 표	[示]
豊	풍년 풍	[豆]
限	한할 한	[阜]
航	배 항	[舟]
港	항구 항	[水]
解	풀 해	[角]
鄕	시골 향	[邑]
香	향기 향	[香]
虛	빌 허	[虍]
驗	시험할험	[馬]
賢	어질 현	[貝]
血	피 혈	[血]
協	화할 협	[十]
惠	은혜 혜	[心]

好	좋을 호	[女]
護	도울 호	[言]
呼	부를 호	[口]
戶	집 호	[戶]
貨	재물 화	[貝]
確	굳을 확	[石]
回	돌아올회	[口]
吸	마실 흡	[口]
興	일 흥	[臼]
希	바랄 희	[巾]

[신출한자 250자]

· · · · · · ·

8급~4급Ⅱ까지는
總 750字입니다.

일자다음자
한글자에 여러 훈음인 경우

復	회복 복 (復職) 다시 부(復活부활)
殺	죽일 살 (殺人) 감할 쇄(相殺상쇄)
狀	형상 상 (形狀) 문서 장(賞狀상장)
暴	사나울폭 (暴行) 모질 포(暴惡포악)
布	베 포 (公布) 베풀 보(布施보시)
金	쇠 금 (金色) 성 김(金氏김씨)
北	북녘 북 (北向) 달아날배(敗北패배)
車	수레 거(人力車) 차 차(馬車마차)
洞	골 동 (洞里) 밝을 통(洞察통찰)
便	편할 편 (便利) 오줌 변(便所변소)
不	아닐 불 (不明) 아닐 부(不足부족)
讀	읽을 독 (讀書) 구절 두(句讀구두)

省	살필 성 (反省) 덜 생(省略생략)
行	다닐 행 (行動) 항렬 항(行列항렬)
樂	노래 악 (樂器) 즐길 락(樂園낙원) 좋아할요(樂山요산)
畵	그림 화 (畵家) 그을 획(計畵계획)
見	볼 견 (見聞) 뵈올 현(見齒현치)
宿	잠잘 숙 (宿題) 별자리수(星宿성수)
識	알 식 (知識) 기록할지(標識표지)
惡	악할 악 (善惡) 미워할오(惡寒오한)
切	끊을 절 (品切) 모두 체(一切일체)
參	참여할참 (參席) 석 삼(參億삼억)
則	법칙 칙 (法則) 곧 즉(然則연즉)
宅	집 택 (宅地) 집 댁(宅內댁내)
說	말씀 설 (說明) 달랠 세(遊說유세)

■ 4급Ⅱ 시험의 출제기준 ■

읽기범위 : 8급~4급Ⅱ (750자)

쓰기범위 : 8급~5급Ⅱ (400자)

※ 상위급수를 위하여 다 쓸 수 있도록 실력을 갖춥니다.

Ⅱ. 복습부분

(1) 부　　수 ……………… 20

(2) 쓰기범위 ……………… 21

(3) 단어공부 : [단　　문] …… 24
　　　　　　　[신문사설] …… 26
　　　　　　　[생활한자] …… 27

(4) 고사성어 ……………… 31

부수(部首) : 모든 漢字의 基礎이며, 漢字의 主된 뜻을 나타냅니다.

1획
- 一 한 일
- ㅣ 뚫을 곤
- 丶 불똥 주
- 丿 삐침 별
- 乙 새 을
- 亅 갈고리궐

2획
- 二 두 이
- 亠 뜻없는토두 (돼지해머리)
- 人(亻) 사람인
- 儿 어진사람인
- 入 들 입
- 八 여덟 팔
- 冂 멀 경
- 冖 덮을 멱
- 冫(氷) 얼음빙
- 几 자리 궤
- 凵 입벌릴감
- 刀(刂) 칼 도
- 力 힘 력
- 勹 감쌀 포
- 匕 비수(칼)비, 숟가락비
- 匚 상자 방
- 匸 열 십
- 卜 점칠 복, 알릴 복
- 卩(㔾) 병부절(벼슬)
- 厂 언덕 엄
- 厶 마늘모(크다)
- 又 또 우

3획
- 口 입구.사람구
- 囗 큰입 구 (에울위.나라국)
- 土 흙토.땅토
- 士 선비 사
- 夊 천천히걸을쇠
- 夕 저녁 석
- 大 큰 대
- 女 계집 녀
- 子 아들 자
- 宀 집 면
- 寸 마디 촌
- 小 작을 소
- 尢 절름발이왕
- 尸 주검 시
- 屮 싹날 철
- 山 메 산
- 川(巛) 내 천
- 工 장인 공
- 己 몸 기
- 巾 수건건(재물)
- 干 방패 간
- 幺 작을 요
- 广 집 엄
- 廴 당길 인, 멀리갈인
- 廾 스물입(많다), 팔짱낄공
- 弋 주살 익
- 弓 활 궁
- 彐(彑) (힘쓰다) 돼지머리계, 터진가로왈
- 彡 터럭 삼
- 彳 자축거릴척 (많은사람)
- 阝(邑) 우부방
- 阝(阜) 좌부방

4획
- 礻(示) 보일시 (조상)귀신시
- 心(忄)(㣺) 마음 심
- 戈 창 과
- 耂(老) 늙을로
- 戶(户) 집 호
- 手(扌) 손 수
- 支 지탱할 지
- 攵(攴) 나누어질지, 칠복(힘쓰다)
- 文 글월 문
- 斗 말 두
- 斤 도끼 근
- 方 모 방
- 无 없을 무,말무
- 日 날 일
- 曰 말할왈,가로왈
- 月 달 월
- 木 나무 목
- 欠 하품 흠 (입벌리다)
- 止 그칠 지
- 歹(歺) 죽을사변, 뼈앙상할알
- 殳 창 수
- 毋 없을무.말무
- 比 견줄 비
- 毛 터럭 모
- 氏 성씨 씨 (많은사람)
- 气 기운 기
- 艹(艸) 풀 초
- 水(氵)(氺) 물 수
- 火(灬) 불 화
- 爪(爫) 손톱조
- 父 아비 부
- 爻 본받을효
- 爿 조각 장
- 片 조각 편
- 牙 어금니아
- 牛(牜) 소 우
- 犬(犭) 개 견
- 辶(辵) (길을가다) 쉬엄쉬엄갈착

5획
- 衤(衣) 옷 의
- 玄 검을 현
- 玉(王) 구슬옥
- 瓜 오이 과
- 瓦 기와 와
- 甘 달 감
- 生 날 생
- 用 쓸 용
- 田 밭 전
- 疋 짝 필
- 疒 병녁
- 癶 필 발
- 白 흰 백
- 皮 가죽 피
- 皿 그릇 명
- 目 눈 목
- 矛 창 모
- 矢 화살 시
- 石 돌 석
- 示(礻) 보일시 (조상)귀신시
- 禸 짐승 유
- 禾 벼화(곡식)
- 穴 구멍 혈
- 立 설 립
- 罒 그물망.법망

6획
- 竹 대 죽(책)
- 米 쌀 미
- 糸 실 사 (다스리다)
- 缶 장군부(그릇)
- 羊 양 양
- 羽(羽) 깃 우
- 而 말이을 이
- 耒 쟁기 뢰
- 耳 귀 이
- 聿 붓율.오직율
- 肉(⺼月) 고기 육, 육달월
- 臣 신하 신
- 自 스스로자
- 至 이를 지
- 臼 절구 구
- 舌 혀 설
- 舛 어길 천
- 舟 배 주
- 艮 그칠간(산)
- 色 빛 색
- 虍(虎) 범 호
- 虫 벌레 충
- 血 피 혈
- 行 다닐 행
- 衣(衤) 옷 의
- 襾(西) 덮을아

7획
- 見 볼 견
- 角 뿔 각
- 言 말씀 언
- 谷 골 곡
- 豆 콩 두
- 豕 돼지 시
- 豸 벌레 치
- 貝 조개패(재물)
- 赤 붉을 적
- 走 달릴 주
- 足 발 족
- 身 몸 신
- 車 수레차(거)
- 辛 매울 신
- 辰 별진.용진
- 邑 고을 읍
- 酉 술유.닭유
- 釆 분별할변
- 里 마을 리

8획
- 金 쇠 금, 성 김
- 長 긴 장
- 門 문 문
- 阜 언덕 부
- 隶 미칠이,근본
- 隹 새 추
- 雨 비 우
- 非 아닐 비
- 靑 푸를 청

9획
- 面 얼굴 면
- 革 가죽 혁
- 韋 가죽 위
- 韭 부추 구
- 音 소리 음
- 頁 머리 혈
- 風 바람 풍
- 飛 날 비
- 食 밥 식
- 首 머리 수
- 香 향기 향

10획
- 馬 말 마
- 骨 뼈 골
- 高 높을 고
- 髟 머리희끗할표
- 鬥 싸울 투
- 鬯 울창주창
- 鬲 오지병격
- 鬼 귀신 귀

11획
- 魚 물고기어
- 鳥 새 조
- 鹵 짠땅 로
- 鹿 사슴 록
- 麥 보리 맥
- 麻 삼 마

12획
- 黃 누를 황
- 黍 기장 서
- 黑 검을 흑
- 黹 바느질할치

13획
- 黽 맹꽁이맹
- 鼎 솥 정
- 鼓 북 고
- 鼠 쥐 서

14획
- 鼻 코 비
- 齊 가지런할제

15획
- 齒 이 치

16획
- 龍 용 룡
- 龜 거북 귀

17획
- 龠 피리 약

쓰기범위 復習

노트에 반복하여 연습합시다.
모르는 한자는 배정한자 [11쪽] 에서 찾습니다.

8급

가르칠	교
학교	교
아홉	구
나라	국
군사	군
쇠	금
남녘	남
계집	녀
해	년
큰	대

동녘	동
여섯	륙
일만	만
어미	모
나무	목
문	문
백성	민
흰	백
아비	부
북녘	북

넉	사
메	산
석	삼
날	생
서녘	서
먼저	선
작을	소
물	수
집	실
열	십

다섯	오
임금	왕
바깥	외
달	월
두	이
사람	인
날	일
한	일
긴	장
아우	제

가운데	중
푸를	청
마디	촌
일곱	칠
흙	토
여덟	팔
배울	학
나라	한
형	형
불	화

7Ⅱ

집	가
사이	간
강	강
수레	거
빌	공
장인	공
기록할	기
기운	기
사내	남
안	내

농사	농
대답	답
길	도
움직일	동
힘	력
설	립
매양	매
이름	명
물건	물
모	방

아닐	불
일	사
위	상
성	성
인간	세
손	수
때	시
저자	시
먹을	식
편안	안

낮	오
오른	우
스스로	자
아들	자
마당	장
번개	전
앞	전
온전	전
바를	정
발	족

왼	좌
곧을	직
평평할	평
아래	하
한수	한
바다	해
말씀	화
살	활
효도	효
뒤	후

7급

노래	가
입	구
기	기
겨울	동
골	동
한가지	동
오를	등
올	래
늙을	로
마을	리

수풀	림
낯	면
목숨	명
글월	문
물을	문
일백	백
지아비	부
셈	산
빛	색
저녁	석

바	소
적을	소
셈	수
심을	식
마음	심
말씀	어
그럴	연
있을	유
기를	육
고을	읍

들	입
글자	자
할아비	조
살	주
주인	주
무거울	중
땅	지
종이	지
내	천
일천	천

하늘	천
풀	초
마을	촌
가을	추
봄	춘
날	출
편할	편
여름	하
꽃	화
쉴	휴

6급 II
배정한자 [12쪽]에서 찾습니다.

각각 각	필 발	뜰 정
뿔 각	놓을 방	제목 제
셀 계	떼 부	차례 제
지경 계	나눌 분	부을 주
높을 고	모일 사	모을 집
공 공	글 서	창 창
공평할 공	줄 선	맑을 청
한가지 공	눈 설	몸 체
과목 과	살필 성	겉 표
실과 과	이룰 성	바람 풍
빛 광	사라질 소	다행 행
공 구	재주 술	나타날 현
이제 금	비로소 시	모양 형
급할 급	귀신 신	화할 화
짧을 단	몸 신	모일 회
집 당	믿을 신	
대신 대	새 신	
대할 대	약 약	
그림 도	약할 약	
읽을 독	업 업	
아이 동	날랠 용	
무리 등	쓸 용	
즐길 락	옮길 운	
이할 리	마실 음	
다스릴 리	소리 음	
밝을 명	뜻 의	
들을 문	어제 작	
나눌 반	지을 작	
돌아올 반	재주 재	
반 반	싸울 전	

6급
배정한자 [13쪽]에서 찾습니다.

느낄 감	죽을 사	정할 정
강할 강	하여금 사	아침 조
열 개	돌 석	겨레 족
서울 경	자리 석	낮 주
쓸 고	빠를 속	친할 친
예 고	손자 손	클 태
사귈 교	나무 수	통할 통
구분할 구	익힐 습	특별할 특
고을 군	이길 승	합할 합
가까울 근	법 식	다닐 행
뿌리 근	잃을 실	향할 향
등급 급	사랑 애	이름 호
많을 다	들 야	그림 화
기다릴 대	밤 야	누를 황
법도 도	볕 양	가르칠 훈
머리 두	큰바다 양	
법식 례	말씀 언	
예도 례	길 영	
길 로	꽃부리 영	
푸를 록	따뜻할 온	
오얏 리	동산 원	
눈 목	멀 원	
쌀 미	기름 유	
아름다울 미	말미암을 유	
성 박	은 은	
차례 번	옷 의	
다를 별	의원 의	
병 병	놈 자	
옷 복	글 장	
근본 본	있을 재	

5급 II

모르는 한자는 배정한자 [14쪽] 에서 찾습니다.

값 가	일할 로	악할 악	꾸짖을책
손 객	무리 류	맺을 약	채울 충
격식 격	흐를 류	기를 양	집 택
볼 견	뭍 륙	요긴할요	물건 품
결단할결	바랄 망	벗 우	반드시필
맺을 결	법 법	비 우	붓 필
공경 경	변할 변	구름 운	해할 해
고할 고	병사 병	으뜸 원	될 화
공부할과	복 복	클 위	본받을효
지날 과	받들 봉	써 이	흉할 흉
관계할관	사기 사	맡길 임	
볼 관	선비 사	재목 재	
넓을 광	섬길 사	재물 재	
갖출 구	낳을 산	과녁 적	
예 구	서로 상	법 전	
판 국	장사 상	전할 전	
몸 기	고울 선	펼 전	
터 기	신선 선	끊을 절	
생각 념	말씀 설	마디 절	
능할 능	성품 성	가게 점	
둥글 단	씻을 세	뜻 정	
마땅 당	해 세	고를 조	
큰 덕	묶을 속	마칠 졸	
이를 도	머리 수	씨 종	
홀로 독	잘 숙	주일 주	
밝을 랑	순할 순	고을 주	
어질 량	알 식	알 지	
나그네려	신하 신	바탕 질	
지날 력	열매 실	붙을 착	
익힐 련	아이 아	참여할참	反復합니다.

▶단어복습◀ ① 단문　　▷100쪽 문제◁

①
- ▷ 公共시설물을 所重히 쓰자
- ▷ 좋은 方法을 연구해 보자
- ▷ 지금은 최첨단 時代이다
- ▷ 能力의 開發을 위하여 노력하자
- ▷ 지각한 事由를 말해 보아라

②
- ▷ 來年이면 내 同生이 入學한다
- ▷ 너는 훌륭한 發明王이 될꺼야
- ▷ 나의 희망은 作家가 되는 것이다
- ▷ 作品의 題目을 무엇으로 定할까
- ▷ 祖上을 받드는 後孫이 되자

③
- ▷ 家庭이 화목해야 모든 일이 잘 이루어진다
- ▷ 各界의 저명 人士들이 모인 가운데 行事가 벌어졌다
- ▷ 生物을 크게 分類하면 動物과 植物로 나뉜다
- ▷ 學生의 本分은 工夫에 최선을 다하는 것이다
- ▷ 文明 발달로 生活이 便利해졌다

한자어를 노트에
자주 적어 보세요.

④
- ▷ 藥을 먹고 效力이 좋았다
- ▷ 銀行 窓口가 왠지 붐볐다
- ▷ 올 秋夕에는 所願을 빌어야지
- ▷ 孝道로 父母님을 즐겁게!
- ▷ 現在 時間은 6時 30分

⑤
- ▷ 떠나기 直前에 方向을 定하자
- ▷ 왜 나를 外面하는 걸까
- ▷ 南北의 對話가 열렸다
- ▷ 共通사항을 잘 관찰하자
- ▷ 文化 生活을 풍요롭게 누리자

⑥
▷ 이웃나라 日本
▷ 동북아 時代에서 떠오르는 中國
▷ 美國의 首都는 워싱턴이다
▷ 王室을 보존하고 있는 英國
▷ 무조건의 反對는 삼갑시다

⑦
▷ 운전時에는 信號를 준수하자
▷ 民族의 太陽 金九先生
▷ 工事로 인하여 休校하였다
▷ 直角 三角形으로 바르게 그리자
▷ 數學에서는 公式이 重要하다

⑧ 고사성어
▷ 우리의 건강과 農民을 위하여 身土不二 합시다
▷ 나의 잘못으로 인한 先生님의 꾸중에 有口無言이었다
▷ 여름의 해수욕장은 人山人海를 이룬다
▷ 요번 漢字工夫는 作心三日이 안 되도록 노력해야지
▷ 나는 한자퀴즈 예선전에는 十中八九 通過 한다
▷ 묻는 말에 엉뚱한 소리로 東問西答하고 있네
▷ 外國人들이 우리 江山의 山川草木을 보고 감탄했다
▷ 本人 스스로 노력하여 自手成家한 人物이 많다
▷ 男兒一言重千金이라고 一口二言하면 되겠느냐

⑨
▷ 節約하고 검소한 生活을 합시다
▷ 財産 全部를 기부하다
▷ 붓글씨로 수양을 하면 書道가 된다
▷ 命中을 할려면 集中이 必要해
▷ 三寸 결혼식에 參席하기 위해 禮式場에 갔다

⑩
▷ 天然 그대로의 상태 自然을 보존하자
▷ 치우치지 않도록 公平하게 합시다
▷ 全國에서 시험이 일제히 치러졌다
▷ 현명한 方法을 연구해 보자
▷ 두만강은 白頭山에서 始作하여 東海로 흐른다

② 신문사설　　　자주 읽고 써 보기　▷102쪽 문제◁

學問[1]의 世界[2]에서도 順理[3]와 常識(상식)의 眞理(진리)가 尊重(존중)되어야 할 터이다. 特히 昨今[4]의 大學[5] 現實[6]을 念頭[7]에 둘 때 이는 切實[8]한 要求(요구)이다. 현실의 態度(태도)에서 나온 方案[9]은 時間[10]이 經過(경과)하면 서서히 副作用(부작용)을 드러 낸다.

人類史[11]의 展開[12]는 物質的[13]인 豊饒(풍요)만으로 人間[14]이 幸福[15]할 수 없으며 그 社會[16] 또한 先進國[17]이 될 수 없다는 事實[18]은 分明[19]하다. 眞實(진실)은 현실의 삶과 內面的[20]인 精神(정신)의 삶에 一致[21]에 依(의)해서만 實現[22]될 수 있는 性質[23]의 것이다. 현실의 道具[24]로만 使用[25]되는 知識[26]은 正道[27]가 아닌 것은 明白[28]하며 앎과 삶의 一致에 到達(도달)하기 爲(위)해 우리는 무엇보다 순리와 常識(상식)의 價値(가치)부터 回復(회복)해야 할 必要[29]가 있다.

個人(개인)이 敎養[30]을 習得(습득)하는 方法[31]에는 讀書[32]와 觀察(관찰)과 思索(사색)이 있다. 生活[33]속에서 이것을 集中的[34]으로 實踐(실천)하기는 不可能[35]해서 西洋[36]에서는 制度(제도)를 만들어 具體的[37]으로 人格[38]形成[39]을 完成[40] 目的[41]으로 하는 敎育[42]을 한다. 그래서 大學들은 無理[43]없이 文化[44]의 中心[45]으로 發展[46]해 왔다. 社會의 産業化[47]가 되면서 大學은 大部分[48] 變質[49]되기 始作[50]하였다.

3 생활한자 (8급~6급 단어, 동음이의어포함)

※앞 급수를 완습하고도 단어 응용에 미흡한 점을 고려하여 자주 보고 써 보도록 구성되었습니다.

歌樂 (가악) 노래
家族 (가족) 한 집안을 이루는 집단
家訓 (가훈) 집안의 중심이 되는 가르침
角度 (각도) 각의 크기
强直 (강직) 강하고 곧음

開放 (개방) 문을 열어 놓음
開始 (개시) 행동이나 일 따위를 처음 시작함
見聞 (견문) 보고 들음
計算 (계산) 셈
古今 (고금) 옛적과 지금

苦待 (고대) 괴로운 심정으로 기다림
古代 (고대) 옛날 시대
苦樂 (고락) 괴로움과 즐거움
高地 (고지) 높은 위치의 땅
告知 (고지) 알려서 앎

苦生 (고생) 괴롭고 힘든 일을 겪음
公開 (공개) 여러사람에게 알림
空氣 (공기) 무색 투명한 기체
公用 (공용) 공공의 목적으로 사용함
共用 (공용) 함께 사용함

空中 (공중) 하늘 가운데
科目 (과목) 교과를 세분한 학문의 구분
果樹 (과수) 과실나무
光線 (광선) 빛줄기
交感 (교감) 서로 접촉되어 감응함

交代 (교대) 서로 번갈아 듦
敎習 (교습) 가르치고 익히게 함
敎育 (교육) 가르쳐 기름
交通 (교통) 차따위가 일정한 길을 오고 가는 일
區別 (구별) 종류에 따라 갈라 놓음

國史 (국사) 나라의 역사
國事 (국사) 나라의 중대한 일
軍旗 (군기) 군대의 깃발
郡面 (군면) 고을과 면
軍服 (군복) 군인이 입는 제복

近代 (근대) 가까운 시대
近來 (근래) 가까운 날로부터
根本 (근본) 뿌리
級數 (급수) 우열에 따라 매기는 등급
給水 (급수) 물을 공급함

急速 (급속) 급하게 빠름
氣運 (기운) 기운과 운수
記號 (기호) 어떤 뜻을 나타내기 위한 문자나 부호
南村 (남촌) 남쪽에 있는 마을
內科 (내과) 내장부위를 치료하는 과

內面 (내면) 안쪽을 향한 면
來日 (내일) 오늘의 바로 다음날
綠林 (녹림) 푸른 숲
農夫 (농부) 농사를 짓는 사람
多數 (다수) 많은 수

多才 (다재) 재주가 많음
代理 (대리) 대신 다스림
對立 (대립) 서로 반대됨
代表 (대표) 여러 사람을 대신하여 책임을 지는 사람
道理 (도리) 사람이 마땅히 지켜야 할 바른길

讀書 (독서) 책을 읽음
同時 (동시) 같은 때나 시기
童心 (동심) 어린이의 마음
同窓 (동창) 같은 학교를 나온 사람
童話 (동화) 아이들의 이야기

登場 (등장) 무대위에 오름
萬物 (만물) 온갖 물건
名畵 (명화) 유명한 그림이나 영화
文才 (문재) 글재주
門材 (문재) 문의 재료

問答 (문답) 물음과 대답
文章 (문장) 글
問題 (문제) 해답을 필요로 하는 물음
物心 (물심) 물질과 마음
美術 (미술) 아름다운 재주를 표현한 예술

民族 (민족) 같은 지역,습관,풍습등으로 사는 집단
反旗 (반기) 반대의 뜻을 나타낸 표시
反省 (반성) 자기 한 일을 스스로 살핌
發病 (발병) 병이 생겨남
發電 (발전) 전기를 일으키는 것

放心 (방심) 마음을 놓음
放學 (방학) 배움을 잠깐 놓음[쉼]
百姓 (백성) 나라안의 많은 성씨의 사람
番號 (번호) 차례를 나타내는 호수
病席 (병석) 병자가 앓아 누워 있는 자리

不定 (부정) 일정하게 정해지지 않음
分別 (분별) 사물을 종류에 따라 나누어 가름
事業 (사업) 일정한 목적아래 운영하는 업무
使用 (사용) 물건을 쓰거나 부림
算數 (산수) 셈

死後 (사후) 죽은 뒤
事後 (사후) 일이 끝난 뒤
三寸 (삼촌) 아버지의 형제
上京 (상경) 서울로 올라감
生活 (생활) 살아서 활동함

上品 (상품) 좋은 품질의 물건
商品 (상품) 장사하는 물건
書堂 (서당) 글을 배우는 집
石油 (석유) 천연으로 생기는 땅 속의 액체
成功 (성공) 공을 이룸

成分 (성분) 서로 합쳐 복합체를 이루는 물질
成長 (성장) 자라서 점점 커짐
世代 (세대) 어떤 연대를 갈라서 나눈 층
世習 (세습) 세상의 풍습
所聞 (소문) 남의 입을 통하여 전하는 말

速度 (속도) 물체가 움직이는 빠르기	洋服 (양복) 서양의 옷
樹林 (수림) 나무가 우거진 숲	永遠 (영원) 계속하여 끝이 없음
順理 (순리) 도리에 순종함.　理:도리리	英才 (영재) 뛰어난 재주
習字 (습자) 글자를 익힘	例文 (예문) 예로 든 문장
勝利 (승리) 겨루거나 싸워서 이김	禮物 (예물) 예의로 주고 받는 물건
市郡 (시군) 시와 군	溫和 (온화) 따스하고 화함
時速 (시속) 한 시간당의 속도	外形 (외형) 겉으로 드러난 모양
市場 (시장) 상품을 매매하는 장소	外兄 (외형) 외사촌 형
市長 (시장) 도시의 최고자리	用語 (용어) 사용하는 말
始祖 (시조) 한 겨레의 맨 처음 되는 조상	運命 (운명) 타고난 운수나 수명
植樹 (식수) 나무를 심다	遠洋 (원양) 먼 바다
食水 (식수) 먹는 물	有線 (유선) 전선을 사용한 통신
食飮 (식음) 먹고 마심	意見 (의견) 마음속에 느낀 생각
新綠 (신록) 새로 나온 잎들이 띤 연한 초록빛	醫術 (의술) 의원의 재주
新聞 (신문) 새로운 소식을 들음	意向 (의향) 뜻의 방향
身長 (신장) [사람의] 키	理性 (이성) 사물의 이치를 논리적으로 생각
身體 (신체) 몸	利用 (이용) 물건을 이롭게 씀
神話 (신화) 신성한 이야기	人物 (인물) 사람과 물건, 어떤 역할을 하는 사람
失神 (실신) 정신을 잃음	人才 (인재) 재주가 놀라운 사람
失信 (실신) 신용을 잃음	林業 (임업) 삼림을 경영하는 사업
安全 (안전) 온전하여 걱정이 없음	立席 (입석) 서서 타거나 구경하는 자리
安定 (안정) 마음을 편안히 정함	入住 (입주) 새로 지은 집 등에 들어가 사는 것
愛族 (애족) 겨레를 사랑함	入學 (입학) 학교에 들어가 학생이 됨
夜光 (야광) 밤에 비치는 빛	字母 (자모) 하나하나의 글자, 낱자
野球 (야구) 넓은 들판에서 하는 공놀이	子母 (자모) 아들과 어머니

自省 (자성) 스스로 반성함
子孫 (자손) 아들과 손자. 후손
自身 (자신) 자기 스스로
自信 (자신) 스스로의 믿음
昨今 (작금) 어제와 오늘

作文 (작문) 글을 지음
作成 (작성) [원고·서류 따위를]지어 만듦
昨日 (작일) 어제
長男 (장남) 큰 아들
在美 (재미) 미국에 살고 있는 동포

電氣 (전기) 전자의 이동으로 생기는 에너지
全體 (전체) 전부 다
電話 (전화) 전화기로 말을 함
祖父 (조부) 할아버지
祖母 (조모) 할머니

朝會 (조회) 아침에 갖는 모임
住所 (주소) 살고 있는 곳
重病 (중병) 몹시 심한 병
直線 (직선) 곧은 줄
集中 (집중) 시선을 하나로 모음

天命 (천명) 하늘의 명령
天子 (천자) 천명을 받아 천하를 다스리는 사람
淸算 (청산) 맑게 계산을 끝냄
體育 (체육) 건강한 몸과 운동 능력을 기르는 일
出發 (출발) 길을 떠나 나감. 일의 시작

出席 (출석) 어떤 자리에 나아가 참석함
通用 (통용) 세상에 두루 쓰임
特級 (특급) 특별한 등급
便利 (편리) 편하고 이로움
便紙 (편지) 간편하게 적어 보내는 글

平和 (평화) 세상이 평온하고 화목함
表記 (표기) 책의 겉에 기록함
表題 (표제) 책자의 겉에 쓰는 제목
學歷 (학력) 배운 정도의 이력
學力 (학력) 학습으로 쌓은 능력의 정도

風向 (풍향) 바람이 불어오는 방향
學問 (학문) 배우고 물어 익히는 것
韓醫 (한의) 한방의 의술
合計 (합계) 모두 합하여 계산함
現代 (현대) 오늘날의 시대

現行 (현행) 현재 행함
形便 (형편) 일이 되어 가는 모양
火急 (화급) 매우 급함
話術 (화술) 말하는 기술
和音 (화음) 높낮이가 다른 음의 조화로운 소리

活字 (활자) 인쇄에 쓰이는 일정한 글자
會社 (회사) 상행위나 영리를 목적으로 모인 단체
後孫 (후손) 후대의 자손
訓放 (훈방) 가르쳐서 풀어 놓아 줌
休戰 (휴전) 전쟁을 일시적으로 멈추는 것

▶7,8級◀ 故事成語 및 四字成語   *직역(의역)

1. 가화만사성　家和萬事成　집안이 화목하면 모든(많은)일이 잘 이루어짐
2. 남남북녀　南男北女　남쪽은 남자, 북쪽은 여자가 잘 생김
3. 남녀노소　男女老少　남자와 여자, 늙은이와 젊은이(모든 사람)
4. 대한민국　大韓民國　우리나라의 국명
5. 동문서답　東問西答　동쪽의 물음에 서쪽의 대답(엉뚱한 대답을 함)
6. 동서남북　東西南北　방향의 이름
7. 명산대천　名山大川　이름난 산과 큰 냇물(아름다운 자연)
8. 문전성시　門前成市　문 앞이 시장을 이룸(권세가 있어 찾아 오는 사람이 많음)
9. 불로장생　不老長生　늙지 않고 오래 삶
10. 불립문자　不立文字　문자를 세우지 않음(마음으로 전함)
11. 사해형제　四海兄弟　사면 바다(온세상 사람)가 형제와 같음
12. 삼삼오오　三三五五　셋이나 다섯명이 모여 다님
13. 삼일천하　三日天下　삼일(사흘)동안 천하를 다스림(짧은 권세의 허무함)
14. 산천초목　山川草木　산과 내와 풀과 나무(자연을 이르는 말)
15. 생년월일　生年月日　태어난 해와 달과 날짜
16. 신토불이　身土不二　몸과 흙은 둘이 아님(그 땅에서 나는 것을 먹어야 건강함)
17. 십중팔구　十中八九　열 가운데 여덟이나 아홉(거의 다)
18. 옥의옥식　玉衣玉食　좋은(구슬)옷과 좋은 음식
19. 유구무언　有口無言　입은 있으나 할 말이 없음
20. 인산인해　人山人海　사람이 산처럼 바다처럼 많이 모임
21. 일구이언　一口二言　한 입으로 두 말을 함(이랬다 저랬다 함)
22. 일일삼추　一日三秋　하루가 삼추(3년) 같음(아주 지루함)
23. 자문자답　自問自答　제가(스스로) 묻고 제가 답함
24. 자수성가　自手成家　스스로의 힘(손)으로 살림(집)을 이룸
25. 정심공부　正心工夫　바른 마음으로 공부함
26. 정정방방　正正方方　바르고 아주 바름　方:바르다
27. 천하태평　天下太平　천하(세상)가 태평함
28. 청천백일　靑天白日　푸른 하늘과 흰 날씨(아주 깨끗하고 결백함)
29. 춘하추동　春夏秋冬　봄과 여름, 가을과 겨울(사계절)
30. 칠월칠석　七月七夕　7월 7일밤(견우와 직녀가 만나는 날)

▶6級◀ 故事成語 및 四字成語 *직역(의역)

31.	각인각색	各人各色	각각 사람에게 각각의 색깔이 있음
32.	견물생심	見物生心	물건을 보면 마음(욕심)이 생김
33.	공명정대	公明正大	마음이 공정하고 명백하며 바르고 큼
34.	구사일생	九死一生	아홉번 죽을 고비에 겨우(한번) 살아남
35.	다문다독	多聞多讀	많이 듣고 많이 읽음
36.	동고동락	同苦同樂	같이 고생하고 같이 즐김
37.	동서고금	東西古今	동양과 서양, 옛날과 지금
38.	명명백백	明明白白	밝고 희게 깨끗함(의심이 없이 매우 분명함)
39.	무주공산	無主空山	주인 없는 빈 산(쓸쓸한 산)
40.	백년대계	百年大計	백년동안(먼 훗날)의 큰 계획(교육을 이르는 말)
41.	백발백중	百發百中	백번 쏘면 백번 가운데 맞힘(총,활이 쏘는데로 꼭꼭 맞힘)
42.	백전백승	百戰百勝	백번 싸우면 백번 이김(싸울때마다 모조리 이김)
43.	부자유친	父子有親	아버지와 아들(부모와 자식)은 친함이 있음
44.	불원천리	不遠千里	천리길도 멀다 하지 않음(단숨에 달려감)
45.	사생유명	死生有命	죽고 사는 것은 천명에 있음 命:명령,천명
46.	산전수전	山戰水戰	산에서 싸움, 물에서 싸움(세상일의 온갖 고난을 겪음)
47.	삼십육계	三十六計	36가지 계략(많은 꾀)
48.	생로병사	生老病死	四苦(태어나고, 늙고, 병들고, 죽음)
49.	생사고락	生死苦樂	삶과 죽음, 고생과 즐거움(모든일)
50.	안심입명	安心立命	편안한 마음으로 천명을 세움(믿음으로 평화를 얻어 마음이 흔들리지 않음)
51.	요산요수	樂山樂水	산을 좋아하고 물을 좋아함
52.	일생일사	一生一死	한번 살고 한번 죽는 일
53.	일장일단	一長一短	하나의 장점과 하나의 단점
54.	일조일석	一朝一夕	하루 아침이나 하루 저녁같이 짧은 시간
55.	작심삼일	作心三日	마음을 먹은 것이 삼일(사흘)밖에 가지 못함(결심이 약함)
56.	전광석화	電光石火	번개의 빛과 부싯돌의 불똥(아주 빠른 시간)
57.	전무후무	前無後無	앞에도 없었고 뒤에도 없음(아주 놀라운 사건)
58.	청풍명월	淸風明月	맑은 바람과 밝은 달(결백한 사람을 이름)
59.	초록동색	草綠同色	풀과 푸른 빛은 같은 색(어울려 지내는 것은 모두 같은 성격)
60.	형형색색	形形色色	모양과 빛이 다양함

▶5級◀ 故事成語 및 四字成語

*직역(의역)

之: 갈지.의지.는지.그지

61.	경천애인	敬天愛人	하늘을 공경하고 사람(남)을 사랑함
62.	교학상장	敎學相長	가르치고 배움은 서로 같이 자람
63.	다재다능	多才多能	많은 재주와 많은 능력
64.	동성동본	同姓同本	같은 성씨와 같은 근본(본관)
65.	마이동풍	馬耳東風	말 귀에 동쪽 바람(남의 말을 귀담아 듣지 않고 흘러 들음)
66.	무용지물	無用之物	쓸모가 없는 물건
67.	문일지십	聞一知十	하나를 들으면 열을 앎(아주 총명함)
68.	백년하청	百年河淸	백년이 되어도 황하가 맑지 않음(오랜 세월이 지나도 변치 않음)
69.	백면서생	白面書生	하얀얼굴의 글 읽는 선비(글만 읽어 세상일에 경험이 부족한 사람)
70.	부전자전	父傳子傳	대대로 아버지가 아들에게 전함
71.	북창삼우	北窓三友	(백거이 시에서 온 말로)거문고, 술, 시를 아울러 이르는 말
72.	불문곡직	不問曲直	굽은지 곧은지 묻지 아니함(잘 잘못을 따지지 않음)
73.	삼위일체	三位一體	세 가지 것이 하나로 통일됨
74.	선남선녀	善男善女	착한 남자와 착한 여자
75.	세한삼우	歲寒三友	추운 겨울철에도 잘 견디는 '소나무·대나무·매화나무'를 이르는 말
76.	안분지족	安分知足	편안한 마음으로 분수를 지켜 만족을 안다
77.	양약고구	良藥苦口	좋은 약은 입에 쓰다.
78.	어부지리	漁父之利	어부의 이로움(제삼자의 이득)
79.	월하빙인	月下氷人	달 아래 얼음 낚시 하는 사람(중매인을 일컬음)
80.	유만부동	類萬不同	많은 것이 서로 같지 않음(분수에 맞지 않고 정도에 넘침)
81.	유명무실	有名無實	이름이 있으나 실상이 없음
82.	이실직고	以實直告	사실로써 바르게 알림
83.	이심전심	以心傳心	마음으로써 마음을 전함
84.	입춘대길	立春大吉	봄이 서니 크게 길함
85.	전지전능	全知全能	모두 알고 모든 것에 능함
86.	지과필개	知過必改	잘못을 알면 반드시 고쳐야 함
87.	지행합일	知行合一	아는 것과 행실이 합하여 하나가 됨
88.	추풍낙엽	秋風落葉	가을 바람에 떨어지는 잎(갑자기 힘없이 많이 떨어짐)
89.	패가망신	敗家亡身	집의 재산을 날리고 몸을 망침(세력이나 형세가 갑자기 기울거나 시듦)
90.	화조월석	花朝月夕	꽃이 핀 아침과 달이 뜬 저녁(경치가 좋은 시절)

▶4級 Ⅱ◀ 故事成語 및 四字成語 *직역(의역)

91.	각자무치	角者無齒	뿔이 있는 자는 이가 없음(골고루 다 갖출 수 없음)
92.	감언이설	甘言利說	달콤한 말과 이로운 말(남의 비위를 맞추기 위한 말)
93.	강호연파	江湖煙波	강이나 호수 위에 안개처럼 보얗게 이는 잔물결
94.	견리사의	見利思義	이로운 것을 보면 옳은 것을 생각함
95.	결자해지	結者解之	맺은 사람이 그것을 푼다(일을 저지른 사람이 그 일을 해결해야 함)
96.	결초보은	結草報恩	풀을 묶어 은혜를 갚음(죽어서도 은혜를 잊지 않음)
97.	경세제민	經世濟民	세상을 다스려 백성을 구제함 經:다스릴경 濟:구제할제
98.	공전절후	空前絶後	앞에는 허공이요 뒤에는 절벽이다(前無後無)
99.	구우일모	九牛一毛	아홉 마리 소에 한가닥의 털(아주 적은량)
100.	권불십년	權不十年	권력은 십년을 가지 아니한다(권세의 허무함)
101.	기사회생	起死回生	죽음에서 일어나 다시 회생함
102.	낙화유수	落花流水	떨어지는 꽃과 흐르는 물
103.	난공불락	難攻不落	공격이 어려워 떨어뜨리지 못함 攻:칠공
104.	난형난제	難兄難弟	형과 동생을 서로 구분하기 어려움(막상막하)
105.	노갑이을	怒甲移乙	갑에 대한 화를 을에게 옮김
106.	노발대발	怒發大發	화가 크게 남
107.	논공행상	論功行賞	공을 의논해서 상을 줌
108.	다다익선	多多益善	많으면 많을수록 더욱 좋음
109.	단도직입	單刀直入	단칼에 바르게 들어감(서두없이 본론을 얘기할때)
110.	대의명분	大義名分	사람으로서 지켜야 할 도리
111.	독불장군	獨不將軍	혼자서는 장군이 되지 않는다(교만을 경계하는 말)
112.	득실상반	得失相半	얻은 것과 잃은 것이 서로 반이다
113.	등하불명	燈下不明	등잔 밑이 밝지 않다(등잔밑이 어둡다)
114.	등화가친	燈火可親	사람과 등불이 가히 친하다(독서의 계절)
115.	망운지정	望雲之情	구름을 바라보는 정(어버이를 생각함)
116.	망자계치	亡子計齒	죽은 자식 이빨(나이)을 셈(소용없는 일)
117.	문방사우	文房四友	글방의 네가지 벗(종이. 붓. 벼루. 먹)
118.	박학다식	博學多識	학문이 넓어 아는 것이 많음
119.	백해무익	百害無益	백가지가 해롭고 이익이 없음
120.	병가상사	兵家常事	전쟁에서 이기고 지는 것은 항상 있는 일(실패를 격려하는 말)

121.	부정행위	不正行爲	바르지 못한 행동을 함
122.	북두칠성	北斗七星	북쪽의 일곱개 별
123.	불가사의	不可思議	생각 할 수도 없는 오묘한 이치
124.	불문가지	不問可知	묻지도 않아도 알 수 있음
125.	불필재언	不必再言	다시 말할 필요가 없음
126.	비일비재	非一非再	한번도 아니고 두 번도 아님(자주 일어남)
127.	사농공상	士農工商	선비·농업·상업·공업(왕조때의 신분 네가지)
128.	생불여사	生不如死	삶이 죽음만 못하다(몹시 곤란한 지경에 빠져있음)
129.	선례후학	先禮後學	먼저 예의를 배우고 나중에 학문을 배움(예의 중요성)
130.	설왕설래	說往說來	말이 서로 가고 옴(옥신 각신 다툼)
131.	세시풍속	歲時風俗	매년마다 때가 되면 행해지는 풍속
132.	수어지교	水魚之交	물과 물고기의 사귐(아주 친밀한 사이)
133.	시시비비	是是非非	옳은 것은 옳고 그른 것은 그르다고 하는 일
134.	시종여일	始終如一	처음과 끝이 같음
135.	신상필벌	信賞必罰	만인이 믿을 수 있게 상주고 반드시 벌을 줌(규정대로 분명히 함)
136.	신세타령	身世打令	자신과 세상을 한탄하는 말
137.	실사구시	實事求是	사실에 근거하여 학문(진리.진상)을 연구하는 일
138.	아전인수	我田引水	나의 논에만 물을 끌어 씀(자기에게 이롭게만 생각함) 我:나아
139.	안빈낙도	安貧樂道	가난하지만 편안한 마음으로 도를 즐김
140.	안하무인	眼下無人	눈 아래 사람이 없다(사람됨이 교만하여 남을 업신여김)
141.	애인여기	愛人如己	남을 사랑하기를 내 몸 같이한다
142.	약육강식	弱肉强食	약한 것이 강한 것에 먹힘(생존경쟁의 격렬함을 이르는 말)
143.	언행일치	言行一致	말과 행동은 일치하여야 한다
144.	여출일구	如出一口	한 입에서 나오는 말 같다(이구동성)
145.	연전연승	連戰連勝	연이은 싸움에서 연달아 승리함
146.	온고지신	溫故知新	옛것을 익히고 새로운 것을 앎 溫:익힐온
147.	우이독경	牛耳讀經	쇠(소의)귀에 경 읽기
148.	원교근공	遠交近攻	먼것을 사귀고 가까운 나라를 공격함(가까운 것을 멀리함) 攻:칠공
149.	유비무환	有備無患	준비가 있으면 근심이 없음
150.	이열치열	以熱治熱	열로써 열을 다스린다(힘에는 힘)

151.	이율배반	二律背反	두 법칙이 서로 대립되어 주장되는 일
152.	익자삼우	益者三友	이로운 것의 세가지 유형의 벗(정직·신의·지식)
153.	인과응보	因果應報	원인과 결과에 따라 훗날 길흉화복의 갚음을 이르는말
154.	인생무상	人生無常	인생의 덧없음을 이르는 말
155.	인자무적	仁者無敵	어진 사람은 적이 없다
156.	인자요산	仁者樂山	어진 사람은 산을 좋아한다
157.	일거양득	一擧兩得	한번에 두 가지 득을 본다
158.	일석이조	一石二鳥	하나의 돌로 두 마리 새를 잡는다는 말
159.	일시동인	一視同仁	누구나 한가지로 보고 똑같이 어질게 대함
160.	일언반구	一言半句	한마디 말과 반줄의 글귀(아주 짧은 말)
161.	일언지하	一言之下	한마디로 딱 잘라 말함
162.	일진일퇴	一進一退	한번 나아갔다 한번 물러섬
163.	자업자득	自業自得	자기가 저지른 일은 자기가 받음
164.	전대미문	前代未聞	앞 시대에는 들어 본 적이 없음(매우 놀라운 일이나 새로운 것)
165.	조변석개	朝變夕改	아침 저녁으로 뜯어 고침(결심이나 결정이 자주 바뀜)
166.	조족지혈	鳥足之血	새 발의 피(아주 적은 분량을 말함)
167.	종두득두	種豆得豆	콩 심으면 콩 얻는다(뿌린대로 거둠)
168.	주권재민	主權在民	주인의 권리가 백성에게 있다
169.	죽마고우	竹馬故友	대나무로 만든 말을 타고 놀던 옛날 친구
170.	지기지우	知己之友	자기를 잘 알아주는 친구
171.	지성감천	至誠感天	정성이 지극하면 하늘도 감동한다
172.	지호지간	指呼之間	손짓으로 부를 정도의 가까운 사이
173.	진퇴양난	進退兩難	나아가기도 물러서기도 양쪽 다 어려움
174.	충언역이	忠言逆耳	충성된 말은 귀에 거슬린다(良藥苦口)
175.	치지도외	置之度外	내버려두고 문제로 삼지 않음
176.	탁상공론	卓上空論	실현성이 없는 헛된 이론
177.	파죽지세	破竹之勢	대나무를 쪼개는 형세
178.	풍전등화	風前燈火	바람앞에 등불(매우 위급한 처지를 이르는 말)
179.	호형호제	呼兄呼弟	친형제처럼 가깝게 지내는 사이
180.	환난상구	患難相救	근심과 재난을 당했을 때 서로 도움

출제빈도가 높은 고사성어	▶ 故事成語 ◀	자주 읽고 써 보세요.

5. 東問西答	67. 聞一知十	108. 多多益善
8. 門前成市	68. 百年河淸	113. 燈下不明
16. 身土不二	69. 白面書生	114. 燈火可親
19. 有口無言	70. 父傳子傳	117. 文房四友
32. 見物生心	72. 不問曲直	119. 百害無益
33. 公明正大	77. 良藥苦口	124. 不問可知
34. 九死一生	81. 有名無實	127. 士農工商
36. 同苦同樂	83. 以心傳心	129. 先禮後學
37. 東西古今	86. 知過必改	130. 說往說來
40. 百年大計	89. 敗家亡身	135. 信賞必罰
43. 父子有親	91. 角者無齒	140. 眼下無人
46. 山戰水戰	92. 甘言利說	142. 弱肉強食
49. 生死苦樂	94. 見利思義	143. 言行一致
51. 樂山樂水	95. 結者解之	146. 溫故知新
53. 一長一短	96. 結草報恩	163. 自業自得
55. 作心三日	99. 九牛一毛	164. 前代未聞
57. 前無後無	101. 起死回生	169. 竹馬故友
59. 草綠同色	102. 落花流水	171. 至誠感天
61. 敬天愛人	104. 難兄難弟	176. 卓上空論
62. 敎學相長	107. 論功行賞	178. 風前燈火

故事成語 테스트

5. 東問(서)答	67. (문)一知十	108. 多多益(선)
8. 門前(성)市	68. (백)年河淸	113. 燈下不(명)
16. 身土(불)二	69. (백)面書生	114. 燈火可(친)
19. (유)口無言	70. (부)傳子傳	117. 文房四(우)
32. (견)物生心	72. (불)問曲直	119. 百(해)無益
33. (공)明正大	77. (양)藥苦口	124. 不(문)可知
34. 九(사)一生	81. (유)名無實	127. 士(농)工商
36. 同(고)同樂	83. (이)心傳心	129. 先(례)後學
37. 東(서)古今	86. (지)過必改	130. 說往(설)來
40. 百年(대)計	89. 敗(가)亡身	135. 信賞(필)罰
43. 父子(유)親	91. 角(자)無齒	140. 眼下(무)人
46. 山戰(수)戰	92. 甘(언)利說	142. 弱肉(강)食
49. 生死(고)樂	94. 見(리)思義	143. (언)行一致
51. 樂山樂(수)	95. 結(자)解之	146. (온)故知新
53. 一長一(단)	96. 結(초)報恩	163. 自(업)自得
55. 作心三(일)	99. 九(우)一毛	164. 前(대)未聞
57. (전)無後無	101. 起(사)回生	169. 竹馬故(우)
59. (초)綠同色	102. 落(화)流水	171. 至誠感(천)
61. 敬天(애)人	104. 難(형)難弟	176. 卓上(공)論
62. 敎學(상)長	107. 論(공)行賞	178. 風(전)燈火

俗談(속담)

- 앉아서 주고 서서 받는다
- 약방에 감초
- 어린애 보는 데는 찬물도 못 마신다
- 어물전 망신은 꼴뚜기가 시킨다
- 언 발에 오줌 누기
- 업은 아이 삼년 찾기
- 열길 물속은 알아도 한길 사람속은 모른다
- 열번 찍어 안 넘어가는 나무 없다
- 오라는 데는 없어도 갈 곳은 많다
- 옥에도 티가 있다

4급Ⅱ [본문] 일람표

가로·세로 테스트 해 보세요

	1	2	3	4	5	6	7	8	9	10
1	走	起	支	皮	破	波	兩	滿	鹿	麗
2	未	味	寺	詩	眼	退	限	防	訪	房
3	婦	掃	盛	城	誠	授	受	殺	設	聲
4	員	圓	寅	演	伐	我	義	議	矛	務
5	監	賢	貧	富	副	細	續	純	統	總
6	祭	際	察	曾	增	好	收	牧	故	政
7	檢	驗	官	宮	怒	努	卯	留	叔	督
8	俗	容	忍	認	精	請	進	應	確	準
9	倉	創	仁	印	布	希	舟	航	包	砲
10	非	悲	論	試	誤	謝	羅	罰	呼	吸
11	狀	將	笑	送	是	提	餘	除	票	煙
12	減	潔	深	液	濟	治	港	測	暖	暗
13	快	缺	寶	謠	聖	程	移	稅	制	製
14	拜	毒	素	康	隊	陰	障	權	極	檀
15	擔	接	指	恩	惠	息	忠	志	想	態
16	個	係	修	侵	導	連	達	逆	邊	造
17	街	假	慶	經	究	禁	器	難	列	錄
18	律	端	黨	帶	豊	得	武	密	博	配
19	府	備	飛	師	舍	勢	承	施	視	壓
20	硏	榮	爲	益	引	敵	尊	宗	步	星
21	衆	職	取	眞	置	處	銃	蓄	築	蟲
22	斷	絶	協	助	保	護	復	興	守	衛
23	往	次	回	求	齒	單	解	鄕	虛	貨
24	申	銅	燈	佛	床	常	如	藝	早	香
25	低	境	壁	報	脈	背	句	警	講	暴

- 40 -

Ⅲ. 본 문

4Ⅱ …… 250字 ※
5級 …… 100字
5Ⅱ …… 100字
6級 …… 75字
6Ⅱ …… 75字
7級 …… 50字
7Ⅱ …… 50字
8級 …… 50字

總　　750字

도움말

[본문]　① "◆"는 동음이의어(소리는 같으나 뜻이 다른 말) 표시입니다.
　　　　② 본문활용단어독음정답은 69쪽에 있습니다.
　　　　③ 활용단어를 급수범위내에서 채택하였습니다.(한자표기 72쪽 참고)
　　　　④ 한자외곽선에는 부수표시를 하면 유익합니다.
　　　　⑤ 외곽선밑의 (　)는 부수명입니다.(부수일람표 20쪽)
　　　　⑥ 반대자⑪, 유의자⑭를 수록하였습니다.
　　　　⑦ 한자를 눈에 익히도록 다양한 활자의 크기와 서체로
　　　　　수록하였습니다.(본문일람표 40쪽)
　　　　⑧ 대부분 연상자학습법으로 나열되었습니다.
　　　　⑨ 복습부분을 두어 매일 반복하도록 하였습니다.
　　　　⑩ 세로로 훈음을 가리고 읽기공부하기에 적당합니다.
　　　　⑪ 40쪽에 있는 일람표로 가로·세로테스트 할 수 있습니다.

참고로, 본문에 아래 한자가 첨가되었습니다.

4급		3급Ⅱ					3급				2급
叔	仁	我	忍	曾	倉	皮	鹿	卯	寅	舟	矛
아재비숙	어질인	나 아	참을인	일찍증	곳집창	가죽피	사슴록	토끼묘	범 인	배 주	창 모

4Ⅱ<1> [독음정답 69쪽]

走	달릴 주 走 7	완주 주행 경주	부수표시 走 (달릴 주)				走者 (　　　) 달리는 사람
起	일어날 기 走 10	기상 기동 재기	起 (달릴 주)				再起 (　　　) 다시 일어남
支	지탱할 지 [나눠짐/갈라짐] 支 4	지사 지점 지급	支 (지탱할 지)				支社 (　　　) 지탱하는 회사　*社[회사]
皮	가죽 피 [껍질/피부] 皮 5	모피 표피 양피	*3Ⅱ 皮 (가죽 피)				表皮 (　　　) 겉 피부
破	깨뜨릴 파 石 10	발파 간파 파산	破 (돌 석)				破産 (　　　) 재산을 모두 잃어 버리는 것 　　　　　　*産[재산]
波	물결 파 水(氵) 8	파장 파동 음파	波 (물 수)				波高 (　　　) 물결의 높이
兩	두 량 [둘/짝] 入 8	양친 양가 양면	兩 (들 입)				兩親 (　　　) 두 부모님　*親[어버이]
滿	찰 만 [가득차다] 水(氵) 14	만족 만개 만원	滿 (물 수)				滿足 (　　　) 가득차고 풍족함 　　　　　*足[풍족,만족]
鹿	사슴 록 鹿 11	녹각 녹혈 녹비	*3급 鹿 (사슴 록)				鹿角 (　　　) 사슴 뿔
麗	고울 려 [곱다/아름답다] 鹿 19	미려 고려 유려	麗 (사슴 록)				美麗 (　　　) 아름답고 곱다

4Ⅱ<2>

未	아닐 미 木 5	미비 미래 미수	未 (나무 목)				未安（　　　） 편안하지 않음	복습 走起支皮破波兩滿鹿麗
味	맛 미 口 8	오미 의미 진미	味 (입 구)				五味（　　　） 다섯가지 맛	
寺	부수색인에서 찾아쓰기 （　　　） 寸 6	사원 산사 불국사	寺 (마디 촌)				음이 "사" 아는데로 쓰시오. （　　　）	
詩	시시/글시 言 13	시집 시인 동시	詩 (말씀 언)				詩集（　　　） 시의 모음집	
眼	눈 안 目 11	안과 안목 노안	眼 (눈 목)				老眼（　　　） 늙은이의 눈	
退	물러날퇴 辶(辵)10	퇴학 퇴보 퇴직	退 (쉬엄쉬엄갈착)				自退（　　　） 스스로 물러남	
限	한할 한 阝(阜)9	한계 한정 한도	限 (좌부방/언덕부)				期限（　　　） 기간의 한정	
防	막을 방 阝(阜)7	방지 방위 소방	防 (좌부방/언덕부)				防水（　　　） 물을 막다 ◆放水	
訪	찾을 방 言 11	방문 방한 답방	訪 (말씀 언)				訪問（　　　） 찾아서 물어봄 ◆房門	
房	방 방 戶 8	신방 독방 난방	房 (집 호)				新房（　　　） 새로운 방	

4Ⅱ<3>

婦	며느리 부 아내 부 女 11	부인 부부 부덕	婦 (계집 녀)				便夫婦(　　　　) 남편과 아내	복습
掃	쓸 소 手(扌)11	청소 소제 일소	掃 (손 수)				淸掃(　　　　) 맑게[깨끗하게] 쓸어 냄	走起支皮破波兩滿鹿麗
盛	성할 성 [무성하다] 皿 12	성대 성업 성행	盛 (그릇 명)				盛行(　　　　) 성하게 행하여짐	
城	재 성 [성] 土 10	성벽 도성 장성	城 (흙 토)				都城(　　　　) 도읍의 성	
誠	정성 성 言 14	성금 성실 성의	誠 (말씀 언)				誠金(　　　　) 정성어린 돈	未味寺詩眼退限防訪房
授	줄 수 [주다] 手(扌)11	수업 전수 교수	授 (손 수)				敎授(　　　　) 가르쳐 주다	
受	받을 수 又 8	영수 수상 수취	受 (또 우)				受賞(　　　　) 상을 받다　◆首相. 水上 便授↔受[수수]	
殺	죽일 살 감할 쇄 빠를 쇄 殳 10	살인 살충 쇄도	殺 (창 수)				殺人(　　　　) 사람을 죽이다 ※相殺(상쇄), 殺到(쇄도)	
設	베풀 설 言 11	설치 설계 시설	設 (말씀 언)				設立(　　　　) 베풀어 세움	
聲	소리 성 耳 17	성악 변성 음성	聲 (귀 이)				高聲(　　　　) 높은 소리　*고성방가	

4Ⅱ<4>

員	인원 원 [사람] 口 10	사원 교원 관원	員 (입 구)				滿員 ( ) 가득찬 인원[사람]	복습 走起支皮破波兩滿鹿麗 未味寺詩眼退限防訪房 婦掃盛城誠授受殺設聲
圓	둥글 원 口 13	원탁 원형 원만	圓 (큰입 구)				圓滿 ( ) [성격이]둥글고 풍만함 *성격원만	
寅	부수색인에서 찾아쓰기 ( ) 宀 11	인시 인방 인초 *3급	寅 (집 면)				寅時 ( ) 새벽 3시~5시	
演	펼 연 水(氵)14	연기 연출 연설	演 (물 수)				演技 ( ) [예술,기술] 재주를 펼침	
伐	칠 벌 [치다] 人(亻) 6	벌목 벌초 살벌	伐 (사람 인)				伐草 ( ) 풀을 베다	
我	나 아 戈 7	자아 무아 아군 *3Ⅱ	我 (창 과)				我 吾 余 予 (나아)(나오)(나여)(나여)	
義	옳을 의 羊 13	의리 의무 의의	義 (양 양)				義理 ( ) 옳은 이치 *理[이치]	
議	의논할의 言 20	의제 의안 회의	議 (말씀 언)				議題 ( ) 의논할 과제	
矛	창 모 [무기 창] 矛 5	모순 *2급	矛 (창 모)				음이 "모"아는데로 쓰시오. ( )	
務	힘쓸 무 力 11	용무 사무 임무	務 (힘 력)				事務 ( ) 일에 힘씀	

- 46 -

4II<5>

한자	훈음	단어	쓰기				용례	복습
監	볼 감 [살펴보다] 皿 14	감시 감찰 교감	監 (그릇 명)				校監(　　) [학교의 전반업무를] 살펴보는 직책　◆交感	복습 未 味 寺 詩 眼 退 限 防 訪 房 婦 掃 盛 城 誠 授 受 殺 設 聲 員 圓 寅 演 伐 我 義 議 矛 務
賢	어질 현 貝 15	현명 현자 현모	賢 (조개 패)				賢明(　　) [어떤 일에] 어질고 밝음	
貧	가난할빈 貝 11	빈자 빈약 빈혈	貧 (조개 패)				貧村(　　) 가난한 마을	
富	부자 부 宀 12	부자 부귀 부강	富 (집 면)				回貧富(　　) 가난과 부자	
副	버금 부 [다음/둘째] 刀(刂)11	부업 부상 부제	副 (칼 도)				副班長(　　) 둘째가는 반장	
細	가늘 세 [자세하다] 糸 11	세밀 세심 세분	細 (실 사)				細心(　　) 자세한[꼼꼼한] 마음씨	
續	이을 속 糸 21	연속 속출 속개	續 (실 사)				續出(　　) 이어서 나옴　*피해속출	
純	순수할순 糸 10	순금 순결 순종	純 (실 사)				不純(　　) 순수하지 않음	
統	거느릴통 합할 통 糸 12	통합 혈통 전통	統 (실 사)				統一(　　) 하나로 합함 　　*大統領(대통령)	
總	다 총 [모두] 糸 17	총계 총각 총회	總 (실 사)				總計(　　) 모두 합하여 계산함	

4Ⅱ<6>

祭	제사 제 示 11	제물 제관 축제	祭 (보일 시)					祭壇 ( ) 제사를 모시는 단	복 合 婦
際	즈음 제 사귈 제 阝(阜)14	국제 교제 실제	際 (좌부방/언덕부)					國際 ( ) 나라간의 사귐[교류]	掃盛城誠授
察	살필 찰 宀 14	경찰 시찰 고찰	察 (집 면)					洞察 ( ) 밝게 살핌 *洞:밝을통	受殺設
曾	일찍 증 높을 증 曰 12	증조 증손 증왕	*3Ⅱ 曾 (말할 왈)					曾祖 ( ) 三代위 높은 조상 *'會'별개의 글자	聲員
增	더할 증 土 15	증가 증설 증감	增 (흙 토)					回增加 ( ) 더함 *增=増	圓寅演
好	좋을 호 女 6	양호 우호 애호	好 (계집 녀)					選好 ( ) 가려서 좋아함	伐我義
收	거둘 수 攵(攴)6	수익 수지 수금	收 (칠 복)					收入 ( ) 거두어 들임 囲支出 囲收↔支[수지]	議矛務
牧	칠 목 기를 목 牛 8	목장 목동 방목	牧 (소 우)					牧童 ( ) [가축을] 치는 아이	監賢貧
故	연고 고 [죽다/까닭] 攵(攴)9	고향 고인 고사	故 (칠 복)					故人 ( ) 죽은 사람	富副細續
政	정사 정 [다스리다] 攵(攴)9	정치 정국 정당	政 (칠 복)					政事 ( ) 정치하는 일	純統總

4Ⅱ<7>

檢	검사할 검 木 17	검사 검문 검거	檢 (나무 목)				檢査 (　　) 검사하고 조사함	복습
驗	시험할 험 馬 23	시험 실험 효험	驗 (말 마)				實驗 (　　) 실제로 시험함 *實[실제]	員圓寅演伐我義議矛務
官	벼슬 관 관청 관 宀 8	관민 관직 고관	官 (집 면)				高官 (　　) 높은 벼슬	
宮	집 궁 [궁궐] 宀 10	궁중 궁합 궁녀	宮 (집 면)				古宮 (　　) 옛 궁궐	
怒	성낼 노 心 9	노기 노성 대로	怒 (마음 심)				怒氣 (　　) 성난 기운	監賢貧富副細續純統總
努	힘쓸 노 力 7	노력 노책 노육	努 (힘 력)				努力 (　　) 힘쓰다	
卯	부수색인이용 (　　) 卩 5	묘시 묘일 묘방	*3급 卯 (병부 절)				停留所(　　) 머무르는 곳[장소]	祭際察曾增好收牧故政
留	머무를 류 田 10 *卯+田=留	유의 유학 보류	留 (밭 전)				留學 (　　) [해외에]머물러서 배움	
叔	아재비 숙 콩 숙 又 8	*4급 숙부 숙모 당숙	叔 (또 우)				叔父 (　　) 아재비[아버지의 남동생] ※外叔[어머니의 남자형제]	
督	감독할 독 目 13	감독 총독 제독	督 (눈 목)				🈯監督(　　) 살펴봄	

- 49 -

4Ⅱ<8>

漢字	訓音	단어	筆順				単語	復習
俗	풍속 속 人(亻)9	풍속 속세 속담	俗 (사람 인)				俗談 (　　) 속세사람의 이야기	복습
容	얼굴 용 [쉽다/용서] 宀 10	미용 용량 용기	容 (집 면)				美容 (　　) 얼굴을 아름답게 함	監賢貧富副細續純統總
忍	참을 인 心 7	인고 불인 용인	*3Ⅱ 忍 (마음 심)				忍苦 (　　) 괴로움을 참음	
認	알 인 [알다/인정하다] 言 14	인정 인가 승인	認 (말씀 언)				公認 (　　) 국가·공공단체에서 인정함　◆公人	祭際察曾增好收牧故政
精	정할 정 [깨끗함/자세함] 米 14	정신 정성 정밀	精 (쌀 미)				精神 (　　) 인간의 마음	
請	청할 청 言 15	신청 요청 청구	請 (말씀 언)				要請 (　　) 필요하여 청함	
進	나아갈 진 辶(辵)12	진학 진도 진보	進 (쉬엄쉬엄갈착)				進退 (　　) 나아가고 물러남	
應	응할 응 心 17	호응 응급 불응	應 (마음 심)				應答 (　　) 어떤 것에 응하여 답함	檢驗官宮怒努卯留叔督
確	굳을 확 石 15	확실 확신 확고	確 (돌 석)				確信 (　　) 굳게 믿음　確=固[확고]	
準	준할 준 水(氵)13	준비 수준 기준	準 (물 수)				基準 (　　) 어떤 기본에 준함	

- 50 -

4Ⅱ<9>

倉	곳집 창 [창고] 人 10	창고 곡창 탄창	*3Ⅱ 倉 (사람 인)				創業（　　　） 업을 비롯함[시작함]	복 습
創	비롯할창 [시작/처음] 刀(刂)12	창조 창작 창안	創 (칼　도)				創作（　　　） 새로이 만듦 🈎創=始[창시]	祭際察會增好收牧故政
仁	어질 인 人(亻) 4	인애 인덕 인술	*4급 仁 (사람 인)				仁者（　　　） 어진 사람　　◆因子	
印	도장 인 卩 6 *仁+卩=印	검인 인장 인세	印 (병부 절)				檢印（　　　） 검사하는 도장	檢驗官宮怒努卯留叔督
布	베 포 펼 보 巾 5	공포 포고 포목	布 (수건 건)				公布（　　　） 일반에게 널리 알림	
希	바랄 희 巾 7	희망 희원 희구	希 (수건 건)				🈎希望（　　　） 바라고 바램	
舟	배 주 [바다의 배] 舟 6	편주 경주 엽주	*3급 舟 (배　주)				음이 "주"아는데로 쓰시오. （　　　　　）	俗容忍認精請進應確準
航	배 항 舟 10	항공 항해 항행	航 (배　주)				航路（　　　） ①배가 다니는 길 ②항공기가 통행하는 空路	
包	쌀 포 [감싸다] 勹 5	포용 분포 내포	包 (감쌀 포)				包容（　　　） 감싸서 용서함 　　　　＊容[용서]	
砲	대포 포 石 10	대포 화포 포성	砲 (돌　석)				砲手（　　　） 대포 쏘는 사람 　　　　＊手[사람]	

4Ⅱ<10>

漢字	訓音	單語	쓰기				例	복습
非	아닐 비 非 8	시비 비행 비상	非 (아닐 비)				非行( ) 그른[나쁜] 행동 *비행청소년	檢驗官宮怒努卯留叔督
悲	슬플 비 心 12	비관 비보 비운	悲 (마음 심)				悲觀( ) 슬프게 봄 ㉕樂觀	
論	논할 론 言 15	논의 논쟁 의논	論 (말씀 언)				本論( ) 말이나 글에서 주된 부분 ※議論(의논) - 활음조현상	俗容忍認精請進應確準
試	시험할 시 言 13	시합 입시 응시	試 (말씀 언)				㉠試驗( ) 배운 지식이나 사물의 성질, 기능, 상태 등을 알아보기 위해 실제로 다루거나 행해 보는 것	
誤	그르칠 오 [잘못되다] 言 14	오답 오자 오해	誤 (말씀 언)				誤記( ) 잘못된 기록	
謝	사례할 사 [감사하다] 言 17	감사 사과 사죄	謝 (말씀 언)				感謝( ) 마음에 느껴서 사례함 ◆監査	
羅	벌릴 라 网 19	나열 나성 신라	羅 (그물 망)				新羅( ) 박혁거세가 세움/삼국통일 高句麗(고구려), 百濟(백제)	倉創仁印布希舟航包砲
罰	벌할 벌 网 14	처벌 중벌 벌금	罰 (그물 망)				㉕賞罰( ) 상과 벌	
呼	부를 호 口 8	호흡 호명 호출	呼 (입 구)				呼名( ) 이름을 부름	
吸	마실 흡 口 7	흡수 흡연 흡혈	吸 (입 구)				㉕呼吸( ) [숨을] 내쉬고 들이마심	

- 52 -

4Ⅱ<11>

狀	형상 상 문서 장 犬 8	상태 현상 답장	狀 (개 견)				㈤形狀(　　　) [물건이나 사람의] 생긴 모양 ※賞狀(상장), 答狀(답장)	복습 俗容忍認精請進應確準 倉創仁印布希舟航包砲 非悲論試誤謝羅罰呼吸
將	장수 장 [나아가다/장채] 寸 11	장군 무장 장래	將 (마디 촌)				㈣將卒(　　　) 장수와 병졸	
笑	웃음 소 竹 10	냉소 담소 고소	笑 (대 죽)				大笑(　　　) 크게 웃음　◆大小	
送	보낼 송 辶(辵)10	송별 송신 송달	送 (쉬엄쉬엄갈착)				送年會(　　　) 한해를 보내는 모임	
是	이 시 [이것/옳다] 日 9	시정 시인 필시	是 (날 일)				㈣是非(　　　) 옳고 그름	
提	끌 제 手(扌)12	제시 제안 전제	提 (손 수)				前提(　　　) 앞에 끌어냄[제시함]	
餘	남을 여 食 16	여분 여건 여념	餘 (먹을 식)				餘地(　　　) 직역:남아있는 땅 의역:어떤 일이 일어날 수 　　있는 다소의 가능성	
除	덜 제 阝(阜)10	제외 제대 해제	除 (좌부방/언덕부)				除去(　　　) 직역:덜어서 지나감 의역:없애거나 사라지게 　　하는 것	
票	표 표 示 11	개표 득표 차표	票 (보일 시)				開票(　　　) 표를 개봉함	
煙	연기 연 火 13	금연 애연 연초	煙 (불 화)				吸煙(　　　) 연기를 마심	

4Ⅱ<12>

漢字	訓音	단어	쓰기				예시 단어	복습
減	덜 감 [덜다/빼다] 水(氵)12	감소 감원 가감	減 (물 수)				加減( ) 더하고 뺌 增↔減[증감]	倉創仁印布希舟航包砲 非悲論試誤謝羅罰呼吸 狀將笑送是提餘除票煙
潔	깨끗할 결 水(氵)15	청결 순결 불결	潔 (물 수)				淸潔( ) 맑고 깨끗함	
深	깊을 심 水(氵)11	심야 심사 심해	深 (물 수)				深夜( ) 깊은 밤	
液	진 액 水(氵)11	액체 액량 액화	液 (물 수)				液體( ) 자유롭게 변형되지만 부피가 일정하여 압축하기 어려운 상태의 물질(물·기름 따위)	
濟	건널 제 水(氵)17	경제 구제 결제	濟 (물 수)				救濟( ) 어려움에서 구원하고 구제함	
治	다스릴 치 水(氵)8	치국 치가 정치	治 (물 수)				治國( ) 나라를 다스림	
港	항구 항 水(氵)12	항구 해항 출항	港 (물 수)				海港( ) 해안에 있는 항구	
測	헤아릴 측 水(氵)12	측량 측정 관측	測 (물 수)				測量( ) 헤아림	
暖	따뜻할 난 日 13	난방 난류 난대	暖 (날 일)				溫暖( ) 따뜻함 寒↔暖[한난]	
暗	어두울 암 日 13	암흑 암실 암살	暗 (날 일)				明暗( ) 밝고 어두움 暗=黑[암흑]	

4Ⅱ<13>

快	쾌할 쾌 [상쾌함] 心(忄)8	쾌락 쾌승 불쾌	快 (마음 심)				不快 (　　　) 상쾌하지 않음	복습
缺	이지러질결 빠질 결 缶 10	결석 결시 결항	缺 (장군 부)				缺席 (　　　) 어떤 자리에 빠지다 ⛔出↔缺[출결]	非悲論試誤謝羅罰呼吸
寶	보배 보 [보물] 宀 20	보석 보물 국보	寶 (집 면)				國寶 (　　　) 나라의 보배	
謠	노래 요 言 17	동요 가요 민요	謠 (말씀 언)				⛔歌謠 (　　　) 노래	
聖	성인 성 성스러울성 耳 13	성모 성인 성왕	聖 (귀 이)				聖人 (　　　) 성스러운 사람 ◆成人	狀將笑送是提餘除票煙
程	길 정 한도 정 [법/한정] 禾 12	과정 규정 정도	程 (벼 화)				過程 (　　　) 지나가는 길 ◆課程	
移	옮길 이 禾 11	이동 이민 이주	移 (벼 화)				移動 (　　　) 옮겨 움직임	
稅	세금 세 禾 12	세금 세법 국세	稅 (벼 화)				稅法 (　　　) 세금을 내는 법	減潔深液濟治港測暖暗
制	절제할제 [법도/제어] 刀(刂)8	제한 제도 제약	制 (칼 도)				制限 (　　　) 한도를 제어함	
製	지을 제 [짓다/만들다] 衣 14	제품 제조 제본	製 (옷 의)				製品 (　　　) 물건을 만듦 ⛔製=作[제작]	

拜	절 배 手 9	세배 재배 배례	拜 (손 수)				再拜 ( ) 두번 절함	복습
毒	독 독 [독하다] 毋 8	독약 독소 독살	毒 (말 무)				毒藥 ( ) 독이 되는 약	狀將笑送是提餘除票煙
素	본디 소 [희다] 糸 10	소박 소질 소재	素 (실 사)				素朴 ( ) 소박하고 순박함	
康	편안 강 广 11	건강 안강 만강	康 (집 엄)				健康 ( ) 굳세고 편안함	減潔深液濟治港測暖暗
隊	무리 대 阝(阜)12	군대 제대 대열	隊 (좌부방/언덕부)				軍隊 ( ) 군사의 무리	
陰	그늘 음 阝(阜)11	음지 음덕 음양	陰 (좌부방/언덕부)				陰陽 ( ) 그늘과 볕	
障	막을 장 阝(阜)14	장벽 장해 고장	障 (좌부방/언덕부)				음이 "장" 아는데로 쓰시오 ( )	快缺寶謠聖程移稅制製
權	권세 권 木 22	권리 권세 강권	權 (나무 목)				強權 ( ) 강한 권력	
極	극진할극 다할 극 木 13	지극 극빈 극단	極 (나무 목)				至極 ( ) 지극하고 극진함	
檀	박달나무단 木 17	단군 단림 단목	檀 (나무 목)				檀君 ( ) 우리 겨레의 시조로 받들어지는 태초의 임금(단군왕검)	

4Ⅱ<15>

擔	멜 담 [책임을 맡음] 手(扌)16	담임 담당 담보	擔 (손 수)				擔任( ) 책임지고 맡아보는 사람	복습
接	이을 접 접할 접 手(扌)11	접근 접객 접수	接 (손 수)				近接( ) 가까이 이어짐	減潔深液濟治港測暖暗
指	가리킬지 손가락지 手(扌)9	지시 지명 지정	指 (손 수)				指示( ) 가리켜 보임	
恩	은혜 은 心 10	보은 은덕 은사	恩 (마음 심)				謝恩( ) 은혜에 대하여 감사함	
惠	은혜 혜 心 12	은혜 수혜 특혜	惠 (마음 심)				恩惠( ) 어떤 사람에게 베푸는 도움이나 고마운 일	快缺寶謠聖程移稅制製
息	쉴 식 心 10	휴식 자식 소식	息 (마음 심)				休息( ) 쉼	
忠	충성 충 心 8	충성 충신 충절	忠 (마음 심)				忠臣( ) 충성스러운 신하	
志	뜻 지 心 7	의지 지망 지조	志 (마음 심)				同志( ) 같은 뜻을 가진 사람 ◆冬至/動地 意=志의지	拜毒素康隊陰障權極檀
想	생각 상 心 13	사상 감상 상념	想 (마음 심)				感想( ) 느껴서 생각함 思=想[사상]	
態	모습 태 心 14	태도 형태 상태	態 (마음 심)				狀態( ) 사물·현상이 처해 있는 형편이나 모양	

4Ⅱ<16>

個	낱 개 人(亻)10	개인 개체 개별	個 (사람 인)				個性 ( ) 개개인이 가지는 고유한 성품	복습
係	맬 계 人 9	관계 계원 계장	係 (사람 인)				關係 ( ) 사물이나 현상 사이에 서로 맺어져 있는 연관	快缺寶謠聖程移稅制製
修	닦을 수 人 10	수학 수능 수신	修 (사람 인)				修身 ( ) 몸을 닦음 ◆受信	
侵	침노할침 人 9	침해 침수 남침	侵 (사람 인)				南侵 ( ) 남쪽으로 침략함	
導	인도할도 寸 16	인도 선도 도화	導 (마디 촌)				指導 ( ) 가르쳐 인도함 ◆地圖	拜毒素康隊陰障權極檀
連	이을 련 辶(辵)11	연속 연행 연결	連 (쉬엄쉬엄갈착)				🉐連續( ) 이어짐	
達	통달할달 辶 13	통달 도달 달성	達 (쉬엄쉬엄갈착)				🉐通達( ) 통하여 도달함	
逆	거스릴역 辶 10	역행 순역 역류	逆 (쉬엄쉬엄갈착)				逆行 ( ) 거슬러 행함 🈯順行 ◆力行	擔接指恩惠息忠志想態
邊	가 변 [가쪽/변두리] 辶 19	강변 신변 변방	邊 (쉬엄쉬엄갈착)				江邊 ( ) 강의 가쪽	
造	지을 조 [짓다/만들다] 辶 11	제조 조작 조성	造 (쉬엄쉬엄갈착)				改造 ( ) 고쳐서 만듦 🉐製=造[제조]	

4Ⅱ<17>

街	거리 가 行 12	가로 가도 시가	街 (다닐 행)				街頭(　　　) 길거리　*가두캠페인 ㊠街=道[가도] 街=路[가로]	복 습 拜 毒 素 康 隊 陰 障 權 極 檀 擔 接 指 恩 惠 息 忠 志 想 態 個 係 修 侵 導 連 達 逆 邊 造
假	거짓 가 人 11	가상 가정 가설	假 (사람 인)				假面(　　　) 거짓 얼굴	
慶	경사 경 [경사로운일] 心 15	경사 경축 경절	慶 (마음 심)				慶祝(　　　) 경사스러움을 축하함	
經	지날 경 [글/다스리다] 糸 13	경험 경과 경서	經 (실 사)				經路(　　　) 지나가는 길　◆敬老	
究	연구할 구 穴 7	연구 학구 강구	究 (구멍 혈)				음이"구"아는데로 쓰시오. (　　　)	
禁	금할 금 示 13	금연 금남 금물	禁 (보일 시)				禁止(　　　) 금하여 그침	
器	그릇 기 口 16	기구 악기 토기	器 (입 구)				食器(　　　) 먹는 그릇	
難	어려울 난 隹 19	난국 난항 난제	難 (새 추)				難題(　　　) 어려운 과제	
列	벌릴 렬 ㄴ,모음뒤에선 "열" 刀(刂) 6	나열 배열 직렬	列 (칼 도)				㊠羅列(　　　) 벌려 놓음 ※序列(서열), 隊列(대열)	
錄	기록할 록 金 16	녹음 등록 목록	錄 (쇠 금)				錄音(　　　) 소리를 기록함　◆綠陰	

- 59 -

4Ⅱ<18>

漢字	訓音	單語	쓰기				單語語意	복습
律	법칙 률 ㄴ,모음뒤에선 "율" 彳 9	자율 규율 조율	律 (자축거릴척)				㉠法律( ) 법과 법칙 ※規律(규율), 自律(자율)	擔接指恩惠息忠志想態 個係修侵導連達逆邊造 街假慶經究禁器難列錄
端	끝 단 [바르다] 立 14	말단 단정 단오	端 (설 립)				㉠端正( ) [자세나 용모가] 바르고 얌전함 ◆斷定	
黨	무리 당 黑 20	당쟁 당론 야당	黨 (검을 흑)				黨爭( ) 무리들의 다툼	
帶	띠 대 [두르다] 巾 11	한대 온대 대동	帶 (수건 건)				帶同( ) 함께 데리고 가는 것 ◆大同	
豊	풍년 풍 豆 13 同:豐	풍년 풍작 풍성	豊 (콩 두)				豊作( ) 풍년이 든 농사 ㉺豊↔凶[풍흉]	
得	얻을 득 彳 11	소득 이득 득실	得 (자축거릴척)				得男( ) 아들을 얻음[낳다] ㉺得↔失[득실]	
武	호반 무 [무사/굳세다] 止 8	무관 무과 무기	武 (그칠 지)				㉺文武( ) 문관과 무관	
密	빽빽할밀 宀 11	밀도 밀회 밀사	密 (집 면)				密集( ) 빽빽하게 모임	
博	넓을 박 十 12	박사 박애 박식	博 (열 십)				博愛( ) 넓게 사랑함	
配	나눌 배 [짝/배필] 酉 10	배분 배급 유배	配 (닭 유)				配給( ) 나누어 주다 ㉺集↔配[집배]	

- 60 -

4Ⅱ<19>

府	마을 부 관청 부 广 8	정부 부사 춘부 수비	府 (집 엄)				政府 (　　) 정사를 펼치는 관청	복습
備	갖출 비 人 12	설비 준비 수비	備 (사람 인)				具備 (　　) 갖추다	個係修侵導連達逆邊造
飛	날 비 飛 9	웅비 비상 비행	飛 (날 비)				飛行 (　　) 날아 다님　◆非行	
師	스승 사 巾 10	은사 교사 강사	師 (수건 건)				師弟 (　　) 스승과 제자　◆私製	街假慶經究禁器難列錄
舍	집 사 ※舌 6	사택 사감 관사	舍 (혀 설)				舍監 (　　) 기숙사에서 감독하는 사람	
勢	형세 세 세력 세 力 13	세력 권세 가세	勢 (힘 력)				加勢 (　　) 세력을 더함　◆家勢	
承	이을 승 手 8	전승 승인 승은	承 (손 수)				承認 (　　) 정당함과 사실임을 인정하는 것　◆勝因	律端黨帶豊得武密博配
施	베풀 시 方 9	시행 시상 시정	施 (모 방)				施設 (　　) 베품　※布施(보시)	
視	볼 시 見 12	감시 시야 시찰	視 (볼 견)				可視 (　　) 볼 수 있음　*가시광선	
壓	누를 압 土 17	압력 압승 강압	壓 (흙 토)				強壓 (　　) 강제로 누름[억압]	

4Ⅱ<20>

研	갈 연 [갈다] 石 11	연구 연수 연고	研 (돌 석)				研究 ( ) 실력을 갈고 조사함	복 습
榮	영화 영 [영화롭다] 木 14	영광 허영 공영	榮 (나무 목)				光榮 ( ) 빛나고 영예로운 상태	街假慶經究禁器難列錄
爲	할 위 [하다/되다 /위하다] 爪 12	행위 소위 위국	爲 (손톱 조)				無爲 ( ) 하는 일이 없음	
益	더할 익 [이로움] 皿 10	수익 공익 국익	益 (그릇 명)				📖利益( ) 이로움	
引	끌 인 弓 4	인상 인도 인력	引 (활 궁)				引上 ( ) 끌어 올림 *요금인상 ◆人相	律端黨帶豊得武密博配
敵	대적할 적 [원수] 攵 15	적군 적기 대적	敵 (칠 복)				敵軍 ( ) 대적하는 군사	
尊	높을 존 寸 12	존대 존귀 지존	尊 (마디 촌)				尊敬 ( ) 높이 공경함	
宗	마루 종 [높다] 宀 8	종친 종가 종단	宗 (집 면)				宗敎 ( ) 직역: 높은 가르침 의역: 신에게 예배하며 　　　믿음을 통한 가르침	府備飛師舍勢承施視壓
步	걸음 보 止 7	보행 보도 초보	步 (그칠 지)				步道 ( ) 걸어 다니는 길 　　　　　◆報道	
星	별 성 日 9	화성 행성 금성	星 (날 일)				星宿 ( ) 별　　　宿:별자리수	

4Ⅱ<21>

衆	중 음색인(부 획) 총획색인이용	대중 관중 중론	衆 (피 혈)				大衆 ( ) 많은 사람[무리]	복습
職	직분 직 耳 18	직장 직업 관직	職 (귀 이)				官職 ( ) 벼슬과 직분	律端黨帶豊得武密博配
取	가질 취 又 8	취득 취소 쟁취	取 (또 우)				取得 ( ) 가져서 얻음	
眞	참 진 目 10	진품 진실 진리	眞 (눈 목)				眞假 ( ) 진짜와 가짜	
置	둘 치 [두다] 罒 13	설치 방치 치중	置 (그물 망)				設置 ( ) 베풀어 마련하는 것	府備飛師舍勢承施視壓
處	곳 처 [장소/살다] 虍 9	처소 처리 근처	處 (범 호)				近處 ( ) 가까운 곳	
銃	총 총 金 14	총성 총포 장총	銃 (쇠 금)				銃砲 ( ) 총과 대포	
蓄	모을 축 艹(艸)14	비축 축재 축전	蓄 (풀 초)				貯蓄 ( ) 돈을 쌓고 모음	研榮爲益引敵尊宗步星
築	쌓을 축 竹 16	건축 개축 증축	築 (대 죽)				建築 ( ) [집이나 건물을] 세우고 쌓아 만드는 일	
蟲	벌레 충 虫 18	해충 익충 조충	蟲 (벌레 충)				害蟲 ( ) 해로운 벌레	

4 II <22>

斷	끊을 단 斤 20	단절 단념 단식	斷 (도끼 근)					斷電 (　　　) 전기를 끊다	복습 府備飛師舍勢承施視壓研榮爲益引敵尊宗步星衆職取眞置處銃蓄築蟲
絶	끊을 절 [뛰어남] 糸 12	절교 절망 절대	絶 (실 사)					絶景 (　　　) 뛰어난 경치 유 斷=絶[단절]	
協	화할 협 [돕다] 十 8	협조 협동 협상	協 (열 십)					유 協和(　　　) 화목함	
助	도울 조 조력 力 7	구조 조교 조언	助 (힘 력)					助手 (　　　) 도와 주는 사람	
保	지킬 보 人 9	보호 보전 보건	保 (사람 인)					保全 (　　　) 지켜서 온전하게 함	
護	도울 호 言 21	호신 호위 수호	護 (말씀 언)					護國 (　　　) 나라를 지킴[도움]	
復	다시 부 회복할복 彳 12	부흥 복직 복학	復 (자축거릴척)					復活 (　　　) 다시 살아남 ※復職(복직), 復學(복학)	
興	일 흥 [일어나다/ 흥하다] 臼 16	흥미 흥행 흥망	興 (절구 구)					반 興亡(　　　) 흥하고 망함	
守	지킬 수 宀 6	수비 수절 군수	守 (집 면)					郡守 (　　　) 고을을 지키는 책임자	
衛	지킬 위 行 15	수위 위성 위생	衛 (다닐 행)					防衛 (　　　) 막아서 지킴　◆方位 유 守=衛[수위]	

- 64 -

4Ⅱ<23>

往	갈 왕 [가다] 彳 8	왕래 왕복 왕년	往 (자축거릴 척)				往來( ) 가고 옴	복습 研榮爲益引敵尊宗步星衆職取眞置處銃蓄築蟲斷絶協助保護復興守衛
次	버금 차 [다음/둘째] 欠 6	차례 차남 차관	次 (하품 흠)				副次( ) 다음	
回	돌 회 [돌다] 口 6	회상 회답 회수	回 (큰입 구)				回想( ) 돌이켜 생각함	
求	구할 구 水 7	청구 구직 구인	求 (물 수)				求人( ) 사람을 구함 ◆救人	
齒	이 치 [치아/나이] 齒 15	치약 치과 충치	齒 (이 치)				齒科( ) 이를 치료하는 과	
單	홑 단 [홀로/혼자] 口 12	단독 단어 단위	單 (입 구)				單價( ) 하나의 값	
解	풀 해 [풀어헤침] 角 13	해답 해방 해체	解 (뿔 각)				解答( ) 풀어서 답함	
鄕	시골 향 고향 향 邑13(鄕)	고향 망향 동향	鄕 (우부방/고을읍)				落鄕( ) 시골로 내려감 京↔鄕[경향]	
虛	빌[空]허 虍 12	허공 허비 허약	虛 (범 호)				空虛( ) [마음이] 텅 비어 쓸쓸함 虛↔實[허실]	
貨	재물 화 貝 11	재화 통화 화물	貨 (조개 패)				寶貨( ) 보배와 재물 財=貨[재화]	

- 65 -

4Ⅱ<24>

申	납(원숭이)신 펼 신 田 5	답신 내신 신청	申 (밭 전)					申告 (　　　) [행정 관청에 일정한 사항을] 밝혀 알리는 일	복습
銅	구리 동 金 14	청동 황동 동기	銅 (쇠 금)					金. 銀. 銅 (　　　)	衆職取眞置處銃蓄築蟲
燈	등 등 등불 등 火 16	전등 소등 등유	燈 (불 화)					街路燈(　　　) 길거리를 밝혀주는 등	
佛	부처 불 人 7	불교 불경 불전	佛 (사람 인)					佛經 (　　　) 불교의 경전　◆不敬	
床	상 상 广 7	평상 병상 온상	床 (집 엄)					卓床 (　　　) 높은 상	斷絕協助保護復興守衛
常	떳떳할상 [항상/늘] 巾 11	상식 상록 비상	常 (수건 건)					常識 (　　　) 항상 알아야 하는 지식　◆常食	
如	같을 여 女 6	여전 여일 결여	如 (계집 녀)					如前 (　　　) [변함없이]전과 같음	
藝	재주 예 (艹)艸19	예능 서예 곡예	藝 (풀 초)					㉠藝術(　　　) 재주	往次回求齒單解鄕虛貨
早	이를 조 일찍 조 日 6	조퇴 조산 조조	早 (날 일)					早期 (　　　) 이른 기간[시기]　◆早起	
香	향기 향 香 9	향기 향수 향료	香 (향기 향)					香氣 (　　　) 향수와 같은 냄새[기운]	

- 66 -

4Ⅱ<25>

低	낮을 저 人 7	저가 저공 저속	低 (사람 인)				反高低( ) 높고 낮음	복습
境	지경 경 [경계] 土 14	경계 국경 심경	境 (흙 토)				地境( ) 땅의 경계 유境=界[경계]	斷絕協助保護復興守衛往次回求齒單解鄕虛貨申銅燈佛床常如藝早香
壁	벽 벽 土 16	벽보 벽화 성벽	壁 (흙 토)				壁紙( ) 벽에 바르는 종이	
報	갚을 보 알릴 보 土 12	보답 보도 속보	報 (흙 토)				報恩( ) 은혜를 갚음	
脈	줄기 맥 月(肉)10	동맥 혈맥 산맥	脈 (육달 월)				山脈( ) 산의 줄기	
背	등 배 月(肉)9	배반 배경 배후	背 (육달 월)				背信( ) 믿음을 져버림	
句	글귀 구 口 5	구절 어구 문구	句 (입 구)				句節( ) 구와 절, 한토막의 말이나 글	
警	깨우칠경 [살피다] 言 20	경비 경찰 의경	警 (말씀 언)				警備( ) 살펴서 갖춤 ◆經費	
講	욀 강 [익히다] 言 17	강의 강론 특강	講 (말씀 언)				講習( ) 강의의 형태로 가르쳐서 익히게 하는 것	
暴	사나울폭 모질 포 日 15	폭설 폭리 폭락	暴 (날 일)				暴動( ) 사납게 움직임 ※暴惡(포악)	

- 67 -

4Ⅱ<26>

斗	말 두 斗 4	斗 (말 두)				斗量（　　　） [분량을] 말[斗]로써 헤아림	往次回求齒單解鄕虛貨
豆	콩 두 豆 7	豆 (콩 두)				豆油（　　　） 콩기름	
毛	털 모 毛 4	毛 (털 모)				毛布（　　　） 털로 만든 베[담요]	
羊	양 양 羊 6	羊 (양 양)				馬羊（　　　） 말과 양	
玉	구슬 옥 玉 5	玉 (구슬 옥)				玉石（　　　） 구슬과 돌	申銅燈佛床常如藝早香
肉	고기 육 몸 육 肉 6	肉 (고기 육)				㋠肉體（　　　） 몸	
田	밭 전 田 5	田 (밭 전)				田作（　　　） 밭농사	
鳥	새 조 鳥 11	鳥 (새 조)				鳥類（　　　） 새의 무리	
竹	대 죽 竹 6	竹 (대 죽)				4Ⅱ 자학공부가 끝났습니다. 1. 연상자학습법 　(일람표 40쪽) 　가로와 세로로 번갈아 읽고 2. 배정한자 (16쪽) 　가나다 순으로도 읽고 　써 봅시다.	
至	이를 지 [이르다/지극함] 至 6	至 (이를 지)					
血	피 혈 血 6	血 (피 혈)					
戶	집 호 문 호 戶 4	戶 (집 호)					

4級 Ⅱ ▶본문활용단어훈음◀ 43쪽~68쪽

<1>
走者 (주자) 달릴주/놈자
再起 (재기) 두재/일어날기
支社 (지사) 지탱할지/모일사
表皮 (표피) 겉표/가죽피
破産 (파산) 깨뜨릴파/낳을산
波高 (파고) 물결파/높을고
兩親 (양친) 두량/친할친
滿足 (만족) 찰만/발족
鹿角 (녹각) 사슴록/뿔각
美麗 (미려) 아름다울미/고울려

<2>
未安 (미안) 아닐미/편안안
五味 (오미) 다섯오/맛미
'사':四事社死使寫査史思
詩集 (시집) 시시/모을집
老眼 (노안) 늙을로/눈안
自退 (자퇴) 스스로자/물러날퇴
期限 (기한) 기약할기/한할한
防水 (방수) 막을방/물수
訪問 (방문) 찾을방/물을문
新房 (신방) 새신/방방

<3>
夫婦 (부부) 지아비부/며느리부
淸掃 (청소) 맑을청/쓸소
盛行 (성행) 성할성/다닐행
都城 (도성) 도읍도/재성
誠金 (성금) 정성성/쇠금
敎授 (교수) 가르칠교/줄수
受賞 (수상) 받을수/상줄상
殺人 (살인) 죽일살/사람인
設立 (설립) 베풀설/설립
高聲 (고성) 높을고/소리성

<4>
滿員 (만원) 찰만/인원원
圓滿 (원만) 둥글원/찰만
寅時 (인시) 범인/때시
演技 (연기) 펼연/재주기
伐草 (벌초) 칠벌/풀초
義理 (의리) 옳을의/다스릴리
議題 (의제) 의논할의/제목제
'모': 母, 毛
事務 (사무) 일사/힘쓸무

<5>
校監 (교감) 학교교/볼감
賢明 (현명) 어질현/밝을명
貧村 (빈촌) 가난할빈/마을촌
貧富 (빈부) 가난할빈/부자부
副班長 버금부/나눌반/긴장
細心 (세심) 가늘세/마음심
續出 (속출) 이을속/날출
不純 (불순) 아닐불/순수할순
統一 (통일) 거느릴통/한일
總計 (총계) 나총/셀계

<6>
祭壇 (제단) 제사제/단단
國際 (국제) 나라국/즈음제
洞察 (통찰) 밝을통/살필찰
曾祖 (증조) 높을증/할아비조
增加 (증가) 더할증/더할가
選好 (선호) 가릴선/좋을호
收入 (수입) 거둘수/들입
牧童 (목동) 칠목/아이동
故人 (고인) 연고고/사람인
政事 (정사) 정사정/일사

<7>
檢査 (검사) 검사할검/조사사
實驗 (실험) 열매실/시험할험
高官 (고관) 높을고/벼슬관
古宮 (고궁) 예고/집궁
怒氣 (노기) 성낼노/기운기
努力 (노력) 힘쓸노/힘력
停留所 머무를정/머무를류/바소
留學 (유학) 머무를류/배울학
叔父 (숙부) 아재비숙/아비부
監督 (감독) 볼감/감독할독

<8>
俗談 (속담) 풍속속/말씀담
美容 (미용) 아름다울미/얼굴용
忍苦 (인고) 참을인/쓸고
公認 (공인) 공평할공/알인
精神 (정신) 정할정/귀신신
要請 (요청) 요긴할요/청할청
進退 (진퇴) 나아갈진/물러날퇴
應答 (응답) 응할응/대답답
確信 (확신) 굳을확/믿을신
基準 (기준) 터기/준할준

<9>
創業 (창업) 비롯할창/업업
創作 (창작) 비롯할창/지을작
仁者 (인자) 어질인/놈자
檢印 (검인) 검사할검/도장인
公布 (공포) 공평할공/베포
希望 (희망) 바랄희/바랄망
'주': 住 主 注 晝 週 州 走
航路 (항로) 배항/길로
包容 (포용) 쌀포/얼굴용
砲手 (포수) 대포포/손수

<10>
非行 (비행) 아닐비/다닐행
悲觀 (비관) 슬플비/볼관
本論 (본론) 근본본/논할론
試驗 (시험) 시험할시/시험할험
誤記 (오기) 그르칠오/기록할기
感謝 (감사) 느낄감/사례할사
新羅 (신라) 새신/벌릴라
賞罰 (상벌) 상줄상/벌할벌
呼名 (호명) 부를호/이름명
呼吸 (호흡) 부를호/마실흡

<11>
形狀 (형상) 모양형/형상상
將卒 (장졸) 장수장/마칠졸
大笑 (대소) 큰대/웃음소
送年會 보낼송/해년/모일회
是非 (시비) 이시/아닐비
前提 (전제) 앞전/끌제
餘地 (여지) 남을여/땅지
除去 (제거) 덜제/갈거
開票 (개표) 열개/표표
吸煙 (흡연) 마실흡/연기연

<12>
加減 (가감) 더할가/덜감
淸潔 (청결) 맑을청/깨끗할결
深夜 (심야) 깊을심/밤야
液體 (액체) 진액/몸체
救濟 (구제) 구원할구/건널제
治國 (치국) 다스릴치/나라국
海港 (해항) 바다해/항구항
測量 (측량) 헤아릴측/헤아릴량
溫暖 (온난) 따뜻할온/따뜻할난
明暗 (명암) 밝을명/어두울암

<13>
不快 (불쾌) 아닐불/쾌할쾌
缺席 (결석) 이지러질결/자리석
國寶 (국보) 나라국/보배보
歌謠 (가요) 노래가/노래요
聖人 (성인) 성인성/사람인
過程 (과정) 지날과/길정
移動 (이동) 옮길이/움직일동
稅法 (세법) 세금세/법법
制限 (제한) 절제할제/한할한
製品 (제품) 지을제/물건품

<14>
再拜 (재배) 두재/절배
毒藥 (독약) 독독/약약
素朴 (소박) 본디소/성박
健康 (건강) 굳셀건/편안강
軍隊 (군대) 군사군/무리대
陰陽 (음양) 그늘음/볕양
'장': 長 場 章 障 將
強權 (강권) 강할강/권세권
至極 (지극) 이를지/극진할극
檀君 (단군) 박달나무단/임금군

<15>
擔任 (담임) 멜담/맡길임
近接 (근접) 가까울근/이을접
指示 (지시) 가리킬지/보일시
謝恩 (사은) 사례할사/은혜은
恩惠 (은혜) 은혜은/은혜혜
休息 (휴식) 쉴휴/쉴식
忠臣 (충신) 충성충/신하신
同志 (동지) 한가지동/뜻지
感想 (감상) 느낄감/생각상
狀態 (상태) 형상상/모습태

<16>
個性 (개성) 낱개/성품성
關係 (관계) 관계할관/맬계
修身 (수신) 닦을수/몸신
南侵 (남침) 남녘남/침노할침
指導 (지도) 가리킬지/인도할도
連續 (연속) 이을련/이을속
通達 (통달) 통할통/통달할달
逆行 (역행) 거스릴역/다닐행
江邊 (강변) 강강/가변
改造 (개조) 고칠개/지을조

<17>
街頭 (가두) 거리가/머리두
假面 (가면) 거짓가/낯면
慶祝 (경축) 경사경/빌축
經路 (경로) 지날경/길로
'구': 九 口 球 區 具 救 舊
禁止 (금지) 금할금/그칠지
食器 (식기) 먹을식/그릇기
難題 (난제) 어려울난/제목제
羅列 (나열) 벌릴라/벌릴렬
錄音 (녹음) 기록할록/소리음

<18>
法律 (법률) 법법/법칙률
端正 (단정) 끝단/바를정
黨爭 (당쟁) 무리당/다툴쟁
帶同 (대동) 띠대/한가지동
豊作 (풍작) 풍년풍/지을작
得男 (득남) 얻을득/사내남
文武 (문무) 글월문/호반무
密集 (밀집) 빽빽할밀/모을집
博愛 (박애) 넓을박/사랑애
配給 (배급) 나눌배/줄급

<19>
政府 (정부) 정사정/마을부
具備 (구비) 갖출구/갖출비
飛行 (비행) 날비/다닐행
師弟 (사제) 스승사/아우제
舍監 (사감) 집사/볼감
加勢 (가세) 더할가/세력세
承認 (승인) 이을승/알인
施設 (시설) 베풀시/베풀설
可視 (가시) 옳을가/볼시
強壓 (강압) 강할강/누를압

<20>
研究 (연구) 갈연/연구할구
光榮 (광영) 빛광/영화영
無爲 (무위) 없을무/할위
利益 (이익) 이할리/더할익
引上 (인상) 끌인/위상
敵軍 (적군) 대적할적/군사군
尊敬 (존경) 높을존/공경할경
宗敎 (종교) 마루종/가르칠교
步道 (보도) 걸음보/길도
星宿 (성수) 별성/별자리수

<21>
大衆 (대중) 큰대/무리중
官職 (관직) 벼슬관/직분직
取得 (취득) 가질취/얻을득
眞假 (진가) 참진/거짓가
設置 (설치) 베풀설/둘치
近處 (근처) 가까울근/곳처
銃砲 (총포) 총총/대포포
貯蓄 (저축) 쌓을저/모을축
建築 (건축) 세울건/쌓을축
害蟲 (해충) 해할해/벌레충

<22>
斷電 (단전) 끊을단/번개전
絶景 (절경) 끊을절/별경
協和 (협화) 화할협/화할화
助手 (조수) 도울조/손수
保全 (보전) 지킬보/온전전
護國 (호국) 도울호/나라국
復活 (부활) 다시부/살활
興亡 (흥망) 일흥/망할망
郡守 (군수) 고을군/지킬수
防衛 (방위) 막을방/지킬위

<23>
往來 (왕래) 갈왕/올래
副次 (부차) 버금부/버금차
回想 (회상) 돌회/생각상
求人 (구인) 구할구/사람인
齒科 (치과) 이치/과목과
單價 (단가) 홑단/값가
解答 (해답) 풀해/대답답
落鄕 (낙향) 떨어질락/시골향
空虛 (공허) 빌공/빌허
寶貨 (보화) 보배보/재물화

<24>
申告 (신고) 납신/고할고
金銀銅 쇠금/은은/구리동
街路燈 거리가/길로/등등
佛經 (불경) 부처불/지날경
卓床 (탁상) 높을탁/상상
常識 (상식) 떳떳할상/알식
如前 (여전) 같을여/앞전
藝術 (예술) 재주예/재주술
早期 (조기) 이를조/기약할기
香氣 (향기) 향기향/기운기

<25>
高低 (고저) 높을고/낮을저
地境 (지경) 땅지/지경경
壁紙 (벽지) 벽벽/종이지
報恩 (보은) 갚을보/은혜은
山脈 (산맥) 메산/줄기맥
背信 (배신) 등배/믿을신
句節 (구절) 글귀구/마디절
警備 (경비) 깨우칠경/갖출비
講習 (강습) 욀강/익힐습
暴動 (폭동) 사나울폭/움직일동

<26>
斗量 (두량) 말두/헤아릴량
豆油 (두유) 콩두/기름유
毛布 (모포) 털모/베포
馬羊 (마양) 말마/양양
玉石 (옥석) 구슬옥/돌석
肉體 (육체) 고기육/몸체
田作 (전작) 밭전/지을작
鳥類 (조류) 새조/무리류
靑竹 (청죽) 푸를청/대죽
至大 (지대) 이를지/큰대
血肉 (혈육) 피혈/몸육
門戶 (문호) 문문/집호

♣ 반복해서 읽고 테스트
  해 봅시다. 83쪽 ♣

▶4Ⅱ 본문활용단어한자표기◀   <3> ……   <4> ……   <5> ……

走	完走 (완주) 走行 (주행) 競走 (경주)	未	未備 (미비) 未來 (미래) 未收 (미수)	婦	婦人 (부인) 夫婦 (부부) 婦德 (부덕)	員	社員 (사원) 敎員 (교원) 官員 (관원)	監	監視 (감시) 監察 (감찰) 校監 (교감)
起	起床 (기상) 起動 (기동) 再起 (재기)	味	五味 (오미) 意味 (의미) 珍味 (진미)	掃	淸掃 (청소) 掃除 (소제) 一掃 (일소)	圓	圓卓 (원탁) 圓形 (원형) 圓滿 (원만)	賢	賢明 (현명) 賢者 (현자) 賢母 (현모)
支	支社 (지사) 支店 (지점) 支給 (지급)	寺	寺院 (사원) 山寺 (산사) 佛國寺 (불국사)	盛	盛大 (성대) 盛業 (성업) 盛行 (성행)	寅	寅時 (인시) 寅方 (인방) 寅初 (인초)	貧	貧者 (빈자) 貧弱 (빈약) 貧血 (빈혈)
皮	毛皮 (모피) 表皮 (표피) 羊皮 (양피)	詩	詩集 (시집) 詩人 (시인) 童詩 (동시)	城	城壁 (성벽) 都城 (도성) 長城 (장성)	演	演技 (연기) 演出 (연출) 演說 (연설)	富	富者 (부자) 富貴 (부귀) 富强 (부강)
破	發破 (발파) 看破 (간파) 破産 (파산)	眼	眼科 (안과) 眼目 (안목) 老眼 (노안)	誠	誠金 (성금) 誠實 (성실) 誠意 (성의)	伐	伐木 (벌목) 伐草 (벌초) 殺伐 (살벌)	副	副業 (부업) 副賞 (부상) 副題 (부제)
波	波長 (파장) 波動 (파동) 音波 (음파)	退	退學 (퇴학) 退步 (퇴보) 退職 (퇴직)	授	授業 (수업) 傳授 (전수) 敎授 (교수)	我	自我 (자아) 無我 (무아) 我軍 (아군)	細	細密 (세밀) 細心 (세심) 細分 (세분)
兩	兩親 (양친) 兩家 (양가) 兩面 (양면)	限	限界 (한계) 限定 (한정) 限度 (한도)	受	領受 (영수) 受賞 (수상) 受取 (수취)	義	義理 (의리) 義務 (의무) 意義 (의의)	續	連續 (연속) 續出 (속출) 續開 (속개)
滿	滿足 (만족) 滿開 (만개) 滿員 (만원)	防	防止 (방지) 防衛 (방위) 消防 (소방)	殺	殺人 (살인) 殺蟲 (살충) 殺到 (쇄도)	議	議題 (의제) 議案 (의안) 會議 (회의)	純	純金 (순금) 純潔 (순결) 純種 (순종)
鹿	鹿角 (녹각) 鹿血 (녹혈) 鹿皮 (녹비)	訪	訪問 (방문) 訪韓 (방한) 答訪 (답방)	設	設置 (설치) 設計 (설계) 施設 (시설)	矛	2급한자 <矛> 矛盾 (모순) 盾[방패순]	統	統合 (통합) 血統 (혈통) 傳統 (전통)
麗	美麗 (미려) 高麗 (고려) 流麗 (유려)	房	新房 (신방) 獨房 (독방) 暖房 (난방)	聲	聲樂 (성악) 變聲 (변성) 音聲 (음성)	務	用務 (용무) 事務 (사무) 任務 (임무)	總	總計 (총계) 總角 (총각) 總會 (총회)

<6>		<7>		<8>		<9>		<10>	
祭	祭物 (제물) 祭官 (제관) 祝祭 (축제)	檢	檢查 (검사) 檢問 (검문) 檢擧 (검거)	俗	風俗 (풍속) 俗世 (속세) 俗談 (속담)	倉	<倉> 3Ⅱ한자	非	是非 (시비) 非行 (비행) 非常 (비상)
際	國際 (국제) 交際 (교제) 實際 (실제)	驗	試驗 (시험) 實驗 (실험) 效驗 (효험)	容	美容 (미용) 容量 (용량) 容器 (용기)	創	創造 (창조) 創作 (창작) 創案 (창안)	悲	悲觀 (비관) 悲報 (비보) 悲運 (비운)
察	警察 (경찰) 視察 (시찰) 考察 (고찰)	官	官民 (관민) 官職 (관직) 高官 (고관)	忍	忍苦 (인고) 不忍 (불인) 容忍 (용인)	仁	仁愛 (인애) 仁德 (인덕) 仁術 (인술)	論	論議 (논의) 論爭 (논쟁) 議論 (의논)
曾	曾祖 (증조) 曾孫 (증손) 曾往 (증왕)	宮	宮中 (궁중) 宮合 (궁합) 宮女 (궁녀)	認	認定 (인정) 認可 (인가) 承認 (승인)	印	檢印 (검인) 印章 (인장) 印稅 (인세)	試	試合 (시합) 入試 (입시) 應試 (응시)
增	增加 (증가) 增設 (증설) 增減 (증감)	怒	怒氣 (노기) 怒聲 (노성) 大怒 (대노)	精	精神 (정신) 精誠 (정성) 精密 (정밀)	布	公布 (공포) 布告 (포고) 布木 (포목)	誤	誤答 (오답) 誤字 (오자) 誤解 (오해)
好	良好 (양호) 友好 (우호) 愛好 (애호)	努	努力 (노력) 努責 (노책) 努肉 (노육)	請	申請 (신청) 要請 (요청) 請求 (청구)	希	希望 (희망) 希願 (희원) 希求 (희구)	謝	感謝 (감사) 謝過 (사과) 謝罪 (사죄)
收	收益 (수익) 收支 (수지) 收金 (수금)	卯	卯時 (묘시) 卯日 (묘일) 卯方 (묘방)	進	進學 (진학) 進度 (진도) 進步 (진보)	舟	片舟 (편주) 競舟 (경주) 葉舟 (엽주)	羅	羅列 (나열) 羅城 (나성) 新羅 (신라)
牧	牧場 (목장) 牧童 (목동) 放牧 (방목)	留	留意 (유의) 留學 (유학) 保留 (보류)	應	呼應 (호응) 應急 (응급) 不應 (불응)	航	航空 (항공) 航海 (항해) 航行 (항행)	罰	處罰 (처벌) 重罰 (중벌) 罰金 (벌금)
故	故鄕 (고향) 故人 (고인) 故事 (고사)	叔	叔父 (숙부) 叔母 (숙모) 堂叔 (당숙)	確	確實 (확실) 確信 (확신) 確固 (확고)	包	包容 (포용) 分包 (분포) 內包 (내포)	呼	呼吸 (호흡) 呼名 (호명) 呼出 (호출)
政	政治 (정치) 政局 (정국) 政黨 (정당)	督	監督 (감독) 總督 (총독) 提督 (제독)	準	準備 (준비) 水準 (수준) 基準 (기준)	砲	大砲 (대포) 火砲 (화포) 砲聲 (포성)	吸	吸收 (흡수) 吸煙 (흡연) 吸血 (흡혈)

<11> ……		<12> ……		<13> ……		<14> ……		<15> ……	
狀	狀態 (상태) 現狀 (현상) 答狀 (답장)	減	減少 (감소) 減員 (감원) 加減 (가감)	快	快樂 (쾌락) 快勝 (쾌승) 不快 (불쾌)	拜	歲拜 (세배) 再拜 (재배) 拜禮 (배례)	擔	擔任 (담임) 擔當 (담당) 擔保 (담보)
將	將軍 (장군) 武將 (무장) 將來 (장래)	潔	淸潔 (청결) 純潔 (순결) 不潔 (불결)	缺	缺席 (결석) 缺試 (결시) 缺航 (결항)	毒	毒藥 (독약) 毒素 (독소) 毒殺 (독살)	接	接近 (접근) 接客 (접객) 接受 (접수)
笑	冷笑 (냉소) 談笑 (담소) 苦笑 (고소)	深	深夜 (심야) 深思 (심사) 深海 (심해)	寶	寶石 (보석) 寶物 (보물) 國寶 (국보)	素	素朴 (소박) 素質 (소질) 素材 (소재)	指	指示 (지시) 指命 (지명) 指定 (지정)
送	送別 (송별) 送信 (송신) 送達 (송달)	液	液體 (액체) 液量 (액량) 液化 (액화)	謠	童謠 (동요) 歌謠 (가요) 民謠 (민요)	康	健康 (건강) 安康 (안강) 萬康 (만강)	恩	報恩 (보은) 恩德 (은덕) 恩師 (은사)
是	是正 (시정) 是認 (시인) 必是 (필시)	濟	經濟 (경제) 救濟 (구제) 決濟 (결제)	聖	聖母 (성모) 聖人 (성인) 聖王 (성왕)	隊	軍隊 (군대) 除隊 (제대) 隊列 (대열)	惠	恩惠 (은혜) 受惠 (수혜) 特惠 (특혜)
提	提示 (제시) 提案 (제안) 前提 (전제)	治	治國 (치국) 治家 (치가) 政治 (정치)	程	過程 (과정) 規程 (규정) 程度 (정도)	陰	陰地 (음지) 陰德 (음덕) 陰陽 (음양)	息	休息 (휴식) 子息 (자식) 消息 (소식)
餘	餘分 (여분) 餘件 (여건) 餘念 (여념)	港	港口 (항구) 海港 (해항) 出港 (출항)	移	移動 (이동) 移民 (이민) 移住 (이주)	障	障壁 (장벽) 障害 (장해) 故障 (고장)	忠	忠誠 (충성) 忠臣 (충신) 忠節 (충절)
除	除外 (제외) 除隊 (제대) 解除 (해제)	測	測量 (측량) 測定 (측정) 觀測 (관측)	稅	稅金 (세금) 稅法 (세법) 國稅 (국세)	權	權利 (권리) 權勢 (권세) 強權 (강권)	志	意志 (의지) 志望 (지망) 志操 (지조)
票	開票 (개표) 得票 (득표) 車票 (차표)	暖	暖房 (난방) 暖流 (난류) 暖帶 (난대)	制	制限 (제한) 制度 (제도) 制約 (제약)	極	至極 (지극) 極貧 (극빈) 極端 (극단)	想	思想 (사상) 感想 (감상) 想念 (상념)
煙	禁煙 (금연) 愛煙 (애연) 煙草 (연초)	暗	暗黑 (암흑) 暗室 (암실) 暗殺 (암살)	製	製品 (제품) 製造 (제조) 製本 (제본)	檀	檀君 (단군) 檀林 (단림) 檀木 (단목)	態	態度 (태도) 形態 (형태) 狀態 (상태)

<16>		<17>		<18>		<19>		<20>	
個	個人 (개인) 個體 (개체) 個別 (개별)	街	街路 (가로) 街道 (가도) 市街 (시가)	律	自律 (자율) 規律 (규율) 調律 (조율)	府	政府 (정부) 府使 (부사) 春府 (춘부)	研	研究 (연구) 研修 (연수) 研考 (연고)
係	關係 (관계) 係員 (계원) 係長 (계장)	假	假想 (가상) 假定 (가정) 假說 (가설)	端	末端 (말단) 端正 (단정) 端午 (단오)	備	設備 (설비) 準備 (준비) 守備 (수비)	榮	榮光 (영광) 虛榮 (허영) 共榮 (공영)
修	修學 (수학) 修能 (수능) 修身 (수신)	慶	慶事 (경사) 慶祝 (경축) 慶節 (경절)	黨	黨爭 (당쟁) 黨論 (당론) 野黨 (야당)	飛	雄飛 (웅비) 飛上 (비상) 飛行 (비행)	爲	行爲 (행위) 所爲 (소위) 爲國 (위국)
侵	侵害 (침해) 侵水 (침수) 南侵 (남침)	經	經驗 (경험) 經過 (경과) 經書 (경서)	帶	寒帶 (한대) 溫帶 (온대) 帶同 (대동)	師	恩師 (은사) 敎師 (교사) 講師 (강사)	益	收益 (수익) 公益 (공익) 國益 (국익)
導	引導 (인도) 先導 (선도) 導火 (도화)	究	硏究 (연구) 學究 (학구) 講究 (강구)	豊	豊年 (풍년) 豊作 (풍작) 豊盛 (풍성)	舍	舍宅 (사택) 舍監 (사감) 官舍 (관사)	引	引上 (인상) 引導 (인도) 引力 (인력)
連	連續 (연속) 連行 (연행) 連結 (연결)	禁	禁煙 (금연) 禁男 (금남) 禁物 (금물)	得	所得 (소득) 利得 (이득) 得失 (득실)	勢	勢力 (세력) 權勢 (권세) 加勢 (가세)	敵	敵軍 (적군) 敵旗 (적기) 對敵 (대적)
達	通達 (통달) 到達 (도달) 達成 (달성)	器	器具 (기구) 樂器 (악기) 土器 (토기)	武	武官 (무관) 武科 (무과) 武器 (무기)	承	傳承 (전승) 承認 (승인) 承恩 (승은)	尊	尊待 (존대) 尊貴 (존귀) 至尊 (지존)
逆	逆行 (역행) 順逆 (순역) 逆流 (역류)	難	難局 (난국) 難航 (난항) 難題 (난제)	密	密度 (밀도) 密會 (밀회) 密使 (밀사)	施	施行 (시행) 施賞 (시상) 施政 (시정)	宗	宗親 (종친) 宗家 (종가) 宗團 (종단)
邊	江邊 (강변) 身邊 (신변) 邊方 (변방)	列	羅列 (나열) 配列 (배열) 直列 (직렬)	博	博士 (박사) 博愛 (박애) 博識 (박식)	視	監視 (감시) 視野 (시야) 視察 (시찰)	步	步行 (보행) 步道 (보도) 初步 (초보)
造	製造 (제조) 造作 (조작) 造成 (조성)	錄	錄音 (녹음) 登錄 (등록) 目錄 (목록)	配	配分 (배분) 配給 (배급) 流配 (유배)	壓	壓力 (압력) 壓勝 (압승) 強壓 (강압)	星	火星 (화성) 行星 (행성) 金星 (금성)

<21>		<22>		<23>		<24>		<25>	
衆	大衆 (대중) 觀衆 (관중) 衆論 (중론)	斷	斷絶 (단절) 斷念 (단념) 斷食 (단식)	往	往來 (왕래) 往復 (왕복) 往年 (왕년)	申	答申 (답신) 內申 (내신) 申請 (신청)	低	低價 (저가) 低空 (저공) 低速 (저속)
職	職場 (직장) 職業 (직업) 官職 (관직)	絶	絶交 (절교) 絶望 (절망) 絶對 (절대)	次	次例 (차례) 次男 (차남) 次官 (차관)	銅	靑銅 (청동) 黃銅 (황동) 銅器 (동기)	境	境界 (경계) 國境 (국경) 心境 (심경)
取	取得 (취득) 取消 (취소) 爭取 (쟁취)	協	協助 (협조) 協同 (협동) 協商 (협상)	回	回想 (회상) 回答 (회답) 回收 (회수)	燈	電燈 (전등) 消燈 (소등) 燈油 (등유)	壁	壁報 (벽보) 壁畫 (벽화) 城壁 (성벽)
眞	眞品 (진품) 眞實 (진실) 眞理 (진리)	助	救助 (구조) 助敎 (조교) 助言 (조언)	求	請求 (청구) 求職 (구직) 求人 (구인)	佛	佛敎 (불교) 佛經 (불경) 佛典 (불전)	報	報答 (보답) 報道 (보도) 速報 (속보)
置	設置 (설치) 放置 (방치) 置重 (치중)	保	保護 (보호) 保全 (보전) 保健 (보건)	齒	齒藥 (치약) 齒科 (치과) 蟲齒 (충치)	床	平床 (평상) 病床 (병상) 溫床 (온상)	脈	動脈 (동맥) 血脈 (혈맥) 山脈 (산맥)
處	處所 (처소) 處理 (처리) 近處 (근처)	護	護身 (호신) 護衛 (호위) 守護 (수호)	單	單獨 (단독) 單語 (단어) 單位 (단위)	常	常識 (상식) 常綠 (상록) 非常 (비상)	背	背反 (배반) 背景 (배경) 背後 (배후)
銃	銃聲 (총성) 銃砲 (총포) 長銃 (장총)	復	復興 (부흥) 復職 (복직) 復學 (복학)	解	解答 (해답) 解放 (해방) 解體 (해체)	如	如前 (여전) 如一 (여일) 缺如 (결여)	句	句節 (구절) 語句 (어구) 文句 (문구)
蓄	備蓄 (비축) 蓄財 (축재) 蓄電 (축전)	興	興味 (흥미) 興行 (흥행) 興亡 (흥망)	鄕	故鄕 (고향) 望鄕 (망향) 同鄕 (동향)	藝	藝能 (예능) 書藝 (서예) 曲藝 (곡예)	警	警備 (경비) 警察 (경찰) 義警 (의경)
築	建築 (건축) 改築 (개축) 增築 (증축)	守	守備 (수비) 守節 (수절) 郡守 (군수)	虛	虛空 (허공) 虛費 (허비) 虛弱 (허약)	早	早退 (조퇴) 早産 (조산) 早朝 (조조)	講	講義 (강의) 講論 (강론) 特講 (특강)
蟲	害蟲 (해충) 益蟲 (익충) 鳥蟲 (조충)	衛	守衛 (수위) 衛星 (위성) 衛生 (위생)	貨	財貨 (재화) 通貨 (통화) 貨物 (화물)	香	香氣 (향기) 香水 (향수) 香料 (향료)	暴	暴雪 (폭설) 暴利 (폭리) 暴落 (폭락)

Ⅳ. 응용학습

(1) 훈음테스트 ·················· 79
(2) 한자테스트 ·················· 90
(3) 독음테스트 ·················· 96
(4) 단어공부 [단   문] ········ 100
         [신문사설] ········ 102
         [생활한자] ········ 103
(5) 반대자·유의자 ············· 107
(6) 약자 ························· 115
(7) 틀리기 쉬운 부수 ·········· 117
(8) 동음이의어와 장·단음 ······ 118
※ 고사성어 ····················· 31
※ 본문활용단어훈음 ············ 69

☺☺☺ 俗談(속담) ☺☺☺

- 옷은 새 옷이 좋고 사람은 옛 사람이 좋다
- 외상이면 소도 잡아 먹는다
- 우는 아이 젖 준다
- 우물 안 개구리
- 우물 가서 숭늉 찾기
- 우물을 파도 한 우물을 파라
- 울며 겨자 먹기
- 웃는 낯에 침 못 뱉는다
- 윗물이 맑아야 아랫 물이 맑다
- 원님 덕에 나팔 불기
- 원수는 외나무 다리에서 만난다
- 원숭이도 나무에서 떨어진다
- 이 없으면 잇몸
- 입이 열이라도 할 말이 없다
- 잠 자는 호랑이 코털 만지기
- 자다가 봉창 두드리기
- 자라 보고 놀란 가슴 솥뚜껑 보고 놀란다
- 작은 고추가 더 맵다
- 잘되면 제 탓, 못되면 조상 탓
- 제 눈에 안경

4級 Ⅱ ▶훈음테스트◀

*모르는 훈음은 배정한자 16쪽에서 찾습니다.

街( )	宮( )	督( )	武( )
假( )	權( )	毒( )	務( )
減( )	極( )	銅( )	味( )
監( )	禁( )	斗( )	未( )
康( )	器( )	豆( )	密( )
講( )	起( )	得( )	博( )
個( )	暖( )	燈( )	防( )
檢( )	難( )	羅( )	房( )
潔( )	怒( )	兩( )	訪( )
缺( )	努( )	麗( )	配( )
慶( )	斷( )	連( )	背( )
警( )	端( )	列( )	拜( )
境( )	檀( )	錄( )	罰( )
經( )	單( )	論( )	伐( )
係( )	達( )	留( )	壁( )
故( )	擔( )	律( )	邊( )
官( )	黨( )	滿( )	報( )
求( )	帶( )	脈( )	步( )
句( )	隊( )	毛( )	寶( )
究( )	導( )	牧( )	保( )

復（　）	設（　）	守（　）	研（　）
府（　）	星（　）	純（　）	煙（　）
婦（　）	聖（　）	承（　）	榮（　）
副（　）	盛（　）	施（　）	藝（　）
富（　）	聲（　）	視（　）	誤（　）
佛（　）	城（　）	詩（　）	玉（　）
備（　）	誠（　）	試（　）	往（　）
飛（　）	細（　）	是（　）	謠（　）
悲（　）	稅（　）	息（　）	容（　）
非（　）	勢（　）	申（　）	圓（　）
貧（　）	素（　）	深（　）	員（　）
謝（　）	掃（　）	眼（　）	衛（　）
師（　）	笑（　）	暗（　）	爲（　）
寺（　）	續（　）	壓（　）	肉（　）
舍（　）	俗（　）	液（　）	恩（　）
殺（　）	送（　）	羊（　）	陰（　）
狀（　）	收（　）	如（　）	應（　）
常（　）	修（　）	餘（　）	義（　）
床（　）	受（　）	逆（　）	議（　）
想（　）	授（　）	演（　）	移（　）

盆（　　）	製（　　）	察（　　）	破（　　）
引（　　）	助（　　）	創（　　）	波（　　）
印（　　）	鳥（　　）	處（　　）	砲（　　）
認（　　）	早（　　）	請（　　）	布（　　）
障（　　）	造（　　）	總（　　）	包（　　）
將（　　）	尊（　　）	銃（　　）	暴（　　）
低（　　）	宗（　　）	蓄（　　）	票（　　）
敵（　　）	走（　　）	築（　　）	豊（　　）
田（　　）	竹（　　）	蟲（　　）	限（　　）
絶（　　）	準（　　）	忠（　　）	航（　　）
接（　　）	衆（　　）	取（　　）	港（　　）
程（　　）	増（　　）	測（　　）	解（　　）
政（　　）	指（　　）	治（　　）	鄕（　　）
精（　　）	志（　　）	置（　　）	香（　　）
濟（　　）	至（　　）	齒（　　）	虛（　　）
提（　　）	支（　　）	侵（　　）	驗（　　）
制（　　）	職（　　）	快（　　）	賢（　　）
際（　　）	進（　　）	態（　　）	血（　　）
除（　　）	眞（　　）	統（　　）	協（　　）
祭（　　）	次（　　）	退（　　）	惠（　　）

	5級			5Ⅱ		

노트에 훈음을 적어 확인 해 보세요. 배정한자 14,15쪽

①	②	③	④	①	②	③	④
加	領	完	卓	價	勞	惡	責
可	令	曜	炭	客	類	約	充
改	料	浴	板	格	流	養	宅
去	馬	牛	敗	見	陸	要	品
學	末	雄	河	決	望	友	必
健	亡	院	寒	結	法	雨	筆
件	買	原	許	敬	變	雲	害
建	賣	願	湖	告	兵	元	化
輕	無	位	患	課	福	偉	效
競	倍	耳	黑	過	奉	以	凶
景	費	因		關	史	任	材
固	比	災		觀	士	的	財
考	鼻	再		廣	仕	典	傳
曲	氷	爭		具	産	展	切
橋	寫	貯		舊	相	節	店
救	查	赤		局	商	情	調
貴	思	停		己	鮮	卒	種
規	賞	操		基	仙	週	州
給	序	終		念	說	知	質
汽	選	罪		能	性	着	參
期	船	止		團	洗	朗	
技	善	唱		當	歲	良	
吉	示	鐵		德	束	旅	
壇	案	初		到	首	歷	
談	魚	最		獨	宿	練	
都	漁	祝		朗	順	臣	
島	億	致		良	識	實	
落	熱	則		旅	臣	兒	
冷	葉	他		歷	實		
量	屋	打		練	兒		

好 (　　　　)

護 (　　　　)

呼 (　　　　)

戶 (　　　　)

貨 (　　　　)

確 (　　　　)

回 (　　　　)

吸 (　　　　)

興 (　　　　)

希 (　　　　)

──────────

以上 4Ⅱ 훈음테스트

・
・
・
・

「基本」

訓音 [뜻과 음]:
정확히 알아야 합니다.

▶훈음테스트◀

[본문] 활용단어   정답: 69쪽

<1>

走者 [　　／　　]
再起 [　　／　　]
支社 [　　／　　]
表皮 [　　／　　]
破産 [　　／　　]
波高 [　　／　　]
兩親 [　　／　　]
滿足 [　　／　　]
鹿角 [　　／　　]
美麗 [　　／　　]

<2>

未安 [　　／　　]
五味 [　　／　　]
詩集 [　　／　　]
老眼 [　　／　　]
自退 [　　／　　]
期限 [　　／　　]
防水 [　　／　　]
訪問 [　　／　　]
新房 [　　／　　]

<3>

夫婦 [　　／　　]
淸掃 [　　／　　]
盛行 [　　／　　]
都城 [　　／　　]
誠金 [　　／　　]
敎授 [　　／　　]
受賞 [　　／　　]
殺人 [　　／　　]
設立 [　　／　　]
高聲 [　　／　　]

<4>

滿員 [　　／　　]
圓滿 [　　／　　]
寅時 [　　／　　]
演技 [　　／　　]
伐草 [　　／　　]
義理 [　　／　　]
議題 [　　／　　]
事務 [　　／　　]

<5>

校監 〔   /   〕

賢明 〔   /   〕

貧村 〔   /   〕

貧富 〔   /   〕

副班長 〔   /   /   〕

細心 〔   /   〕

續出 〔   /   〕

不純 〔   /   〕

統一 〔   /   〕

總計 〔   /   〕

<6>

祭壇 〔   /   〕

國際 〔   /   〕

洞察 〔   /   〕

曾祖 〔   /   〕

增加 〔   /   〕

選好 〔   /   〕

收入 〔   /   〕

牧童 〔   /   〕

故人 〔   /   〕

政事 〔   /   〕

<7>

檢査 〔   /   〕

實驗 〔   /   〕

高官 〔   /   〕

古宮 〔   /   〕

怒氣 〔   /   〕

努力 〔   /   〕

停留所 〔   /   /   〕

留學 〔   /   〕

叔父 〔   /   〕

監督 〔   /   〕

<8>

俗談 〔   /   〕

美容 〔   /   〕

忍苦 〔   /   〕

公認 〔   /   〕

精神 〔   /   〕

要請 〔   /   〕

進退 〔   /   〕

應答 〔   /   〕

確信 〔   /   〕

基準 〔   /   〕

<9> ....

創業 〔   /   〕

創作 〔   /   〕

仁者 〔   /   〕

檢印 〔   /   〕

公布 〔   /   〕

希望 〔   /   〕

航路 〔   /   〕

包容 〔   /   〕

砲手 〔   /   〕

<10> ....

非行 〔   /   〕

悲觀 〔   /   〕

本論 〔   /   〕

試驗 〔   /   〕

誤記 〔   /   〕

感謝 〔   /   〕

新羅 〔   /   〕

賞罰 〔   /   〕

呼名 〔   /   〕

呼吸 〔   /   〕

<11> ....

形狀 〔   /   〕

將卒 〔   /   〕

大笑 〔   /   〕

送年會 〔   /   /   〕

是非 〔   /   〕

前提 〔   /   〕

餘地 〔   /   〕

除去 〔   /   〕

開票 〔   /   〕

吸煙 〔   /   〕

<12> ....

加減 〔   /   〕

淸潔 〔   /   〕

深夜 〔   /   〕

液體 〔   /   〕

救濟 〔   /   〕

治國 〔   /   〕

海港 〔   /   〕

測量 〔   /   〕

溫暖 〔   /   〕

明暗 〔   /   〕

<13>

不快 [/   ]

缺席 [/   ]

國寶 [/   ]

歌謠 [/   ]

聖人 [/   ]

過程 [/   ]

移動 [/   ]

稅法 [/   ]

制限 [/   ]

製品 [/   ]

<14>

再拜 [/   ]

毒藥 [/   ]

素朴 [/   ]

健康 [/   ]

軍隊 [/   ]

陰陽 [/   ]

強權 [/   ]

至極 [/   ]

檀君 [/   ]

<15>

擔任 [/   ]

近接 [/   ]

指示 [/   ]

謝恩 [/   ]

恩惠 [/   ]

休息 [/   ]

忠臣 [/   ]

同志 [/   ]

感想 [/   ]

狀態 [/   ]

<16>

個性 [/   ]

關係 [/   ]

修身 [/   ]

南侵 [/   ]

指導 [/   ]

連續 [/   ]

通達 [/   ]

逆行 [/   ]

江邊 [/   ]

改造 [/   ]

<17>

街頭 [　　/　　]

假面 [　　/　　]

慶祝 [　　/　　]

經路 [　　/　　]

禁止 [　　/　　]

食器 [　　/　　]

難題 [　　/　　]

羅列 [　　/　　]

錄音 [　　/　　]

<18>

法律 [　　/　　]

端正 [　　/　　]

黨爭 [　　/　　]

帶同 [　　/　　]

豊作 [　　/　　]

得男 [　　/　　]

文武 [　　/　　]

密集 [　　/　　]

博愛 [　　/　　]

配給 [　　/　　]

<19>

政府 [　　/　　]

具備 [　　/　　]

飛行 [　　/　　]

師弟 [　　/　　]

舍監 [　　/　　]

加勢 [　　/　　]

承認 [　　/　　]

施設 [　　/　　]

可視 [　　/　　]

強壓 [　　/　　]

<20>

研究 [　　/　　]

光榮 [　　/　　]

無爲 [　　/　　]

利益 [　　/　　]

引上 [　　/　　]

敵軍 [　　/　　]

尊敬 [　　/　　]

宗教 [　　/　　]

步道 [　　/　　]

星宿 [　　/　　]

<21>

大衆 〔　　/　　〕
官職 〔　　/　　〕
取得 〔　　/　　〕
眞假 〔　　/　　〕
設置 〔　　/　　〕
近處 〔　　/　　〕
銃砲 〔　　/　　〕
貯蓄 〔　　/　　〕
建築 〔　　/　　〕
害蟲 〔　　/　　〕

<22>

斷電 〔　　/　　〕
絶景 〔　　/　　〕
協和 〔　　/　　〕
助手 〔　　/　　〕
保全 〔　　/　　〕
護國 〔　　/　　〕
復活 〔　　/　　〕
興亡 〔　　/　　〕
郡守 〔　　/　　〕
防衛 〔　　/　　〕

<23>

往來 〔　　/　　〕
副次 〔　　/　　〕
回想 〔　　/　　〕
求人 〔　　/　　〕
齒科 〔　　/　　〕
單價 〔　　/　　〕
解答 〔　　/　　〕
落鄕 〔　　/　　〕
空虛 〔　　/　　〕
寶貨 〔　　/　　〕

<24>

申告 〔　　/　　〕
金銀銅 〔　　/　　/　　〕
街路燈 〔　　/　　/　　〕
佛經 〔　　/　　〕
卓床 〔　　/　　〕
常識 〔　　/　　〕
如前 〔　　/　　〕
藝術 〔　　/　　〕
早期 〔　　/　　〕
香氣 〔　　/　　〕

<25> ....

高低 [　　/　　]

地境 [　　/　　]

壁紙 [　　/　　]

報恩 [　　/　　]

山脈 [　　/　　]

背信 [　　/　　]

句節 [　　/　　]

警備 [　　/　　]

講習 [　　/　　]

暴動 [　　/　　]

<26> ....

斗量 [　　/　　]

豆油 [　　/　　]

毛布 [　　/　　]

馬羊 [　　/　　]

玉石 [　　/　　]

肉體 [　　/　　]

田作 [　　/　　]

鳥類 [　　/　　]

靑竹 [　　/　　]

至大 [　　/　　]

血肉 [　　/　　]

門戶 [　　/　　]

"부모님께 감사의 편지를……"

身體髮膚 / 受之父母
(몸 신)(몸 체)(터럭 발)(피부 부)　(받을 수)(갈 지)(아비 부)(어미 모) : 자신의 몸과 머리카락과 살갗은 부모로부터 받은 것이다.

不敢毀傷 / 孝之始也
(아니 불)(감히 감)(헐 훼)(상할 상)　(효도 효)(의 지)(처음 시)(있다 야) : 감히 상하게 하지 않는 것이 효도의 시작이요.

立身行道 / 揚名後世
(설 림)(몸 신)(행할 행)(도 도)　(날릴 양)(이름 명)(뒤 후)(세상 세) : 몸을 세워(출세) 도를 행하고 이름을 후세에 날리어

以顯父母 / 孝之終也
(써 이)(나타날 현)(아비 부)(어미 모)　(효도 효)(의 지)(끝 종)(있다 야) : 부모님의 명성을 나타냄이 효도의 끝이니라.

- 89 -

▶한자테스트◀

단어가 형성됨을 주지하면서 한자쓰기 연습 합니다. 93쪽 참고

①	**8급**		한 일/두 이/석 삼/넉 사/다섯오/여섯륙/일곱칠/여덟팔/아홉구/열 십		흰 백/군사군	임금왕/집 실
②		날 일/달 월/불 화/물 수/나무목/쇠 금/흙 토	석 삼/마디촌	큰 대/작을소	아비부/어미모	형 형/아우제
③		동녘동/서녘서/남녘남/북녘북	푸를청/해 년	먼저선/날 생	문 문/바깥외	긴 장/계집녀	메산/가운데중
④		가르칠교/집실	배울학/학교교	나라한/나라국	군사군/사람인	일만만/백성민	위 상/아래하	손 수/발 족
⑤	**7급**		왼 좌/오른우	마음심/가운데중	늙을로/적을소	하늘천/땅 지	날 출/들 입	앞 전/뒤 후
⑥		물을문/대답답	있을유/이름명	안 내/바깥외	메 산/내 천	사내남/아들자	글월문/글자자	셈 산/셈 수
⑦		주인주/말씀어	편할편/편안안	바를정/곧을직	모 방/바를정	고을읍/낮 면	저녁석/달 월	성 성/이름명
⑧		기운기/빛 색	꽃 화/풀 초	때 시/사이간	번개전/말씀화	기록할기/일사	스스로자/그럴연	장인공/지아비부
⑨		봄춘/여름하/가을추/겨울동	인간세/위 상	한수한/강 강	빌 공/군사군	가르칠교/기를육	하늘천/목숨명
⑩		집 가/긴 장	흰 백/종이지	온전전/나라국	쉴 휴/날 일	한가지동/문문	골 동/마을리	일백백/일천천
⑪		무거울중/힘력	살활/움직일동	심을식/수풀림	일만만/물건물	저자시/마당장	학교교/기 기	낮 오/뒤 후
⑫		나라국/노래가	농사농/마을촌	할아비조/아비부	효도효/길 도	주인주/먹을식	살 주/바 소	매양매/해 년
⑬		바다해/물 수	심을식/나무목	올 래/나라한	오를등/학교교	설 립/봄 춘	아닐불/평평할평	아래하/수레차

▶한자테스트◀

단어가 형성됨을 주지하면서 한자쓰기 연습 합니다.   94쪽 참고

	6Ⅱ						
①		모일사/모일회	몸 신/몸 체	대할대/대답답	소리음/즐길락	어제작/이제금	긴 장/짧을단
②	약할약/작을소	높을고/무리등	각각각/떼 부	빛 광/줄 선	글 서/집 당	비로소시/지을작	공평할공/한가지공
③	바람풍/눈 설	새 신/들을문	대신대/다스릴리	돌아올반/살필성	다행행/옮길운	겉 표/나타날현	편할편/이할리
④	나눌반/긴 장	뿔 각/모양형	재주재/아이동	약 약/실과과	모을집/셈 계	업 업/지경계	믿을신/쓸 용
⑤	뜰 정/공 구	싸울전/재주술	귀신신/뜻 의	읽을독/그림도	필 발/밝을명	나눌분/과목과	이룰성/공 공
⑥	놓을방/배울학	사라질소/불 화	급할급/다닐행	마실음/먹을식	부을주/들 입	화할화/즐길락	날랠용/기운기
⑦	차례제/한 일	반 반/반 반	제목제/이름명	맑을청/바람풍	한가지동/창 창	낱자보다 단어위주의 공부가 효과적입니다.	
	6급						
⑧		예 고/이제금	아침조/저녁석	말씀언/다닐행	낮 주/밤 야	멀원/가까울근	강할강/약할약
⑨	많을다/적을소	할아비조/손자손	죽을사/살 활	가르칠교/가르칠훈	구분할구/다를별	뿌리근/근본본	모을집/합할합
⑩	그림도/그림화	길 도/길 로	푸를청/푸를록	바다해/큰바다양	길 영/멀 원	꽃부리영/재주재	옷 의/옷 복
⑪	글월문/글 장	뜰 정/동산원	하여금사/쓸용	돌 석/머리두	친할친/사귈교	열 개/통할통	차례번/이름호
⑫	클 태/별 양	이길승/놈 자	따뜻할온/법도도	정할정/자리석	특별할특/등급급	예도례/법 식	실과과/나무수
⑬	급할급/빠를속	들 야/공 구	법식례/제목제	쓸고/기다릴대	있을재/아름다울미	사랑애/겨레족	위 상/서울경
⑭	필 발/병 병	익힐습/글자자	부을주/기름유	잃을실/귀신신	쌀 미/마실음	느낄감/움직일동	스스로자/말미암을유
⑮	의원의/재주술	바람풍/향할향	누를황/빛 색	고을읍/고을군	귀 이/눈 목	은 은/다닐행	오얏리/꽃 화

▶한자테스트◀ 5Ⅱ

배정한자 14쪽 참고

①										
	값 가	손 객	격식 격	볼 견	결단할결	맺을 결	공경 경	고할 고	공부할과	지날 과
②										
	관계할관	볼 관	넓을 광	갖출 구	예 구	판 국	몸 기	터 기	생각 념	능할 능
③										
	둥글 단	마땅 당	큰 덕	이를 도	홀로 독	밝을 랑	어질 량	나그네려	지날 력	익힐 련
④										
	일할 로	무리 류	흐를 류	뭍 륙	바랄 망	법 법	변할 변	병사 병	복 복	받들 봉
⑤										
	사기 사	선비 사	섬길 사	낳을 산	서로 상	장사 상	고울 선	신선 선	말씀 설	성품 성
⑥										
	씻을 세	해 세	묶을 속	머리 수	잘 숙	순할 순	알 식	신하 신	열매 실	아이 아
⑦										
	악할 악	맺을 약	기를 양	요긴할요	벗 우	비 우	구름 운	으뜸 원	클 위	써 이
⑧										
	맡길 임	재목 재	재물 재	과녁 적	법 전	전할 전	펼 전	끊을 절	마디 절	가게 점
⑨										
	뜻 정	고를 조	마칠 졸	씨 종	주일 주	고을 주	알 지	바탕 질	붙을 착	참여할참
⑩										
	꾸짖을책	채울 충	집 택	물건 품	반드시필	붓 필	해할 해	될 화	본받을효	흥할 흥

▶한자테스트정답◀   독음을 적고 한자로 써 보세요. 90쪽

① 8급 | 一 二 三 四 五 六 七 八 九 十 | 白軍 | 王室
② 日 月 火 水 木 金 土 | 三寸 | 大小 | 父母 | 兄弟
③ 東西南北 | 靑年 | 先生 | 門外 | 長女 | 山中
④ 敎室 | 學校 | 韓國 | 軍人 | 萬民 | 上下 | 手足
⑤ 7급 | 左右 | 心中 | 老少 | 天地 | 出入 | 前後
⑥ 問答 | 有名 | 內外 | 山川 | 男子 | 文字 | 算數
⑦ 主語 | 便安 | 正直 | 方正 | 邑面 | 夕月 | 姓名
⑧ 氣色 | 花草 | 時間 | 電話 | 記事 | 自然 | 工夫
⑨ 春夏秋冬 | 世上 | 漢江 | 空軍 | 敎育 | 天命
⑩ 家長 | 白紙 | 全國 | 休日 | 同門 | 洞里 | 百千
⑪ 重力 | 活動 | 植林 | 萬物 | 市場 | 校旗 | 午後
⑫ 國歌 | 農村 | 祖父 | 孝道 | 主食 | 住所 | 每年
⑬ 海水 | 植木 | 來韓 | 登校 | 立春 | 不平 | 下車

①	6Ⅱ	社會	身體	對答	音樂	昨今	長短
②	弱小	高等	各部	光線	書堂	始作	公共
③	風雪	新聞	代理	反省	幸運	表現	便利
④	班長	角形	才童	藥果	集計	業界	信用
⑤	庭球	戰術	神意	讀圖	發明	分科	成功
⑥	放學	消火	急行	飲食	注入	和樂	勇氣
⑦	第一	半半	題名	淸風	同窓		뜻풀이도 해 보세요.
⑧	6급	古今	朝夕	言行	晝夜	遠近	強弱
⑨	多少	祖孫	死活	敎訓	區別	根本	集合
⑩	圖畫	道路	靑綠	海洋	永遠	英才	衣服
⑪	文章	庭園	使用	石頭	親交	開通	番號
⑫	太陽	勝者	溫度	定席	特級	禮式	果樹
⑬	急速	野球	例題	苦待	在美	愛族	上京
⑭	發病	習字	注油	失神	米飮	感動	自由
⑮	醫術	風向	黃色	邑郡	耳目	銀行	李花

▷ 讀音(독음)테스트 …… 96

▷ 單語工夫 ① [단　문] … 100

　　　　　　② [신문사설] … 102

　　　　　　③ [생활한자] … 103

▶讀音(독음)테스트◀

정답 143쪽

□□ 틀리기 쉬운 독음 □□
[일자다음자 18쪽 참고] 자주 읽어 보세요.

復興 (부흥)	樂土 (낙토)
復活 (부활)	樂勝 (낙승)
回復 (회복)	洞察 (통찰)
復職 (복직)	相殺 (상쇄)
復權 (복권)	行列 (항렬)
惡材 (악재)	羅列 (나열)
惡寒 (오한)	法律 (법률)
暴惡 (포악)	良好 (양호)
暴落 (폭락)	樂山 (요산)
切親 (절친)	計畫 (계획)
品切 (품절)	敗北 (패배)
一切 (일체)	句讀 (구두)
賞狀 (상장)	不當 (부당)
狀態 (상태)	不正 (부정)
住宅 (주택)	十月 (시월)
宅地 (택지)	六月 (유월)
宅內 (댁내)	停車場 (정거장)
不參 (불참)	五六月 (오뉴월)
參加 (참가)	初八日 (초파일)
參萬 (삼만)	不在中 (부재중)

一

街頭 (　　)
假說 (　　)
家臣 (　　)
歌謠 (　　)
角度 (　　)
監督 (　　)
感謝 (　　)
減員 (　　)
講讀 (　　)
強壓 (　　)
強調 (　　)
開放 (　　)
個別 (　　)
改築 (　　)
擧動 (　　)
健康 (　　)

二

建設 (　　)
缺禮 (　　)
決定 (　　)
經過 (　　)
警官 (　　)
競技 (　　)
景氣 (　　)
經濟 (　　)
考古 (　　)
高官 (　　)
故國 (　　)
考察 (　　)
選好 (　　)
公費 (　　)
共助 (　　)
課外 (　　)

- 96 -

三

關係（　　　）
觀察（　　　）
廣場（　　　）
交流（　　　）
教養（　　　）
救命（　　　）
求職（　　　）
局限（　　　）
郡守（　　　）
禁煙（　　　）
急流（　　　）
起立（　　　）
技師（　　　）
記者（　　　）
汽車（　　　）
落選（　　　）
樂勝（　　　）
難破（　　　）

四

內陸（　　　）
勞動（　　　）
綠陰（　　　）
論爭（　　　）
農協（　　　）
單獨（　　　）
團束（　　　）
單身（　　　）
端午（　　　）
擔任（　　　）
談話（　　　）
當落（　　　）
對決（　　　）
代決（　　　）
帶同（　　　）
隊長（　　　）
待接（　　　）
宅內（*　　　）

五

到達（　　　）
都邑（　　　）
毒藥（　　　）
獨創（　　　）
冬期（　　　）
同窓（　　　）
等級（　　　）
登院（　　　）
滿船（　　　）
明堂（　　　）
目錄（　　　）
無敵（　　　）
文化（　　　）
未聞（　　　）
民謠（　　　）
密約（　　　）
博愛（　　　）
反省（　　　）

六

放送（　　　）
方案（　　　）
防音（　　　）
訪韓（　　　）
背景（　　　）
配給（　　　）
拜金（　　　）
配置（　　　）
百花（　　　）
邊境（　　　）
病床（　　　）
保護（　　　）
寶貨（　　　）
復原（　　　）
奉仕（　　　）
不當（*　　　）
夫婦（　　　）
復興（*　　　）

- 97 -

七	八	九	十
分節（　）	善惡（　）	壓力（　）	用語（　）
備考（　）	聖賢（　）	野黨（　）	勇將（　）
悲報（　）	小說（　）	藥局（　）	運動（　）
非情（　）	消息（　）	約束（　）	遠視（　）
貧富（　）	所願（　）	藥指（　）	園藝（　）
死線（　）	掃除（　）	業務（　）	衛星（　）
寺院（　）	修身（　）	旅行（　）	位置（　）
師弟（　）	純潔（　）	逆風（　）	有能（　）
寫眞（　）	習得（　）	硏究（　）	六月（*　）
查察（　）	試圖（　）	連打（　）	恩師（　）
參億（　）	視線（　）	熱氣（　）	恩惠（　）
常綠（　）	施設（　）	葉書（　）	意圖（　）
商船（　）	申告（　）	領空（　）	義務（　）
常識（　）	深海（　）	英雄（　）	醫保（　）
賞狀（*　）	十月（*　）	藝術（　）	議員（　）
狀態（　）	惡材（　）	溫暖（　）	利敵（　）
選擧（　）	案件（　）	外壓（　）	引受（　）
先導（　）	眼科（　）	料金（　）	認定（　）

- 98 -

⑪

立法（　　　）

財産（　　　）

低空（　　　）

貯蓄（　　　）

赤字（　　　）

展觀（　　　）

傳達（　　　）

展示（　　　）

戰爭（　　　）

情報（　　　）

政府（　　　）

精神（　　　）

提議（　　　）

祭典（　　　）

操業（　　　）

造作（　　　）

尊敬（　　　）

終末（　　　）

⑫

住宅（　　　）

準備（　　　）

中部（　　　）

增減（　　　）

至極（　　　）

支障（　　　）

進步（　　　）

次官（　　　）

着陸（　　　）

參考（　　　）

參戰（　　　）

創造（　　　）

鐵道（　　　）

淸潔（　　　）

初期（　　　）

寸志（　　　）

總選（　　　）

最高（　　　）

⑬

築城（　　　）

忠誠（　　　）

蟲齒（　　　）

取材（　　　）

治國（　　　）

親切（　　　）

侵害（　　　）

快速（　　　）

他鄕（　　　）

卓球（　　　）

態度（　　　）

宅地（　　　）

統制（　　　）

通貨（　　　）

退職（　　　）

敗將（　　　）

表情（　　　）

豊盛（　　　）

⑭

筆談（　　　）

必要（　　　）

限界（　　　）

航路（　　　）

解答（　　　）

害蟲（　　　）

許可（　　　）

現場（　　　）

血稅（　　　）

協助（　　　）

呼價（　　　）

畫報（　　　）

話題（　　　）

患者（　　　）

回送（　　　）

吸收（　　　）

興味（　　　）

希望（　　　）

▶단어공부 ① ◀   [단문]

밑줄 친 한자어를 노트에 써 보세요.

①
- ▷ 공공시설물을 소중히 쓰자
- ▷ 좋은 방법을 연구해 보자
- ▷ 지금은 최첨단 시대이다
- ▷ 능력의 개발을 위하여 노력하자
- ▷ 지각한 사유를 말해 보아라

②
- ▷ 내년이면 내 동생이 입학한다
- ▷ 너는 훌륭한 발명왕이 될꺼야
- ▷ 나의 희망은 작가가 되는 것이다
- ▷ 작품의 제목을 무엇으로 정할까
- ▷ 조상을 받드는 후손이 되자

③
- ▷ 가정이 화목해야 모든 일이 잘 이루어진다
- ▷ 각계의 저명 인사들이 모인 가운데 행사가 벌어졌다
- ▷ 생물을 크게 분류하면 동물과 식물로 나뉜다
- ▷ 학생의 본분은 공부에 최선을 다하는 것이다
- ▷ 문명 발달로 생활이 편리해졌다

정답 24쪽

④
- ▷ 약을 먹고 효력이 좋았다
- ▷ 은행 창구가 왠지 붐볐다
- ▷ 올 추석에는 소원을 빌어야지
- ▷ 효도로 부모님을 즐겁게!
- ▷ 현재 시간은 6시 30분

⑤
- ▷ 떠나기 직전에 방향을 정하자
- ▷ 왜 나를 외면하는 걸까
- ▷ 남북의 대화가 열렸다
- ▷ 공통사항을 잘 관찰하자
- ▷ 문화 생활을 풍요롭게 누리자

⑥
- ▷ 이웃나라 <u>일본</u>
- ▷ 동북아 <u>시대</u>에서 떠오르는 <u>중국</u>
- ▷ <u>미국</u>의 수도는 워싱턴이다
- ▷ <u>왕실</u>을 보존하고 있는 <u>영국</u>
- ▷ 무조건의 <u>반대</u>는 삼갑시다

⑦
- ▷ 운전시에는 <u>신호</u>를 준수하자
- ▷ <u>민족</u>의 <u>태양</u> 김구선생
- ▷ <u>공사</u>로 인하여 <u>휴교</u>하였다
- ▷ <u>직각</u> <u>삼각형</u>으로 바르게 그리자
- ▷ <u>수학</u>에서는 <u>공식</u>이 <u>중요</u>하다

⑧

고사성어

- ▷ 우리의 건강과 <u>농민</u>을 위하여 <u>신토불이</u> 합시다
- ▷ 나의 잘못으로 인한 선생님의 꾸중에 <u>유구무언</u>이었다
- ▷ 여름의 해수욕장은 <u>인산인해</u>를 이룬다
- ▷ 요번 <u>한자공부</u>는 <u>작심삼일</u>이 안 되도록 노력해야지
- ▷ 나는 한자퀴즈 예선전에는 <u>십중팔구</u> <u>통과</u> 한다
- ▷ 묻는 말에 엉뚱한 소리로 <u>동문서답</u>하고 있네
- ▷ <u>외국인</u>들이 우리 <u>강산</u>의 <u>산천초목</u>을 보고 감탄했다
- ▷ <u>본인</u> 스스로 노력하여 <u>자수성가</u>한 <u>인물</u>이 많다
- ▷ "남아일언중천금"이라고 <u>일구이언</u>하면 되겠느냐

⑨
- ▷ <u>절약</u>하고 검소한 <u>생활</u>을 합시다
- ▷ <u>재산</u> <u>전부</u>를 기부하다
- ▷ 붓글씨로 수양을 하면 <u>서도</u>가 된다
- ▷ <u>명중</u>을 할려면 <u>집중</u>이 필요해
- ▷ <u>삼촌</u> 결혼식에 <u>참석</u>하기 위해 <u>예식장</u>에 갔다

⑩
- ▷ <u>천연</u> 그대로의 상태 <u>자연</u>을 보존하자
- ▷ 치우치지 않도록 <u>공평</u>하게 합시다
- ▷ <u>전국</u>에서 시험이 일제히 치러졌다
- ▷ 현명한 <u>방법</u>을 연구해 보자
- ▷ 두만강은 <u>백두산</u>에서 <u>시작</u>하여 <u>동해</u>로 흐른다

▶단어공부 ② ◀   [신문사설]

※ 밑줄 친 한자어를 노트에 테스트 해 보세요. (모르는 뜻은 국어사전에서 찾습니다)

학문[1]의 세계[2]에서도 순리[3]와 常識(   )의 眞理(   )가 尊重(   )되어야 할 터이다. 특히 작금[4]의 대학[5] 현실[6]을 염두[7]에 둘 때 이는 절실[8]한 要求(   )이다. 현실의 態度(   )에서 나온 방안[9]은 시간[10]이 經過(   )하면 서서히 副作用(   )을 드러 낸다.

인류사[11]의 전개[12]는 물질적[13]인 풍요만으로 인간[14]이 행복[15]할 수 없으며 그 사회[16] 또한 선진국[17]이 될 수 없다는 사실[18]은 분명[19]하다. 眞實(   )은 현실의 삶과 내면적[20]인 精神(   )의 삶에 일치[21]에 의해서만 실현[22]될 수 있는 성질[23]의 것이다. 현실의 도구[24]로만 사용[25]되는 지식[26]은 정도[27]가 아닌 것은 명백[28]하며 앎과 삶의 일치에 到達(   )하기 위해 우리는 무엇보다 순리와 常識(   )의 가치부터 回復(   )해야 할 필요[29]가 있다.

個人(   )이 교양[30]을 習得(   )하는 방법[31]에는 독서[32]와 觀察(   )과 사색이 있다. 생활[33]속에서 이것을 집중적[34]으로 실천하기는 불가능[35] 해서 서양[36]에서는 制度(   )를 만들어 구체적[37]으로 인격[38]형성[39]을 완성[40] 목적[41]으로 하는 교육[42]을 한다. 그래서 대학들은 무리[43]없이 문화[44]의 중심[45]으로 발전[46]해 왔다. 사회의 산업화[47]가 되면서 대학은 대부분[48] 변질[49]되기 시작[50]하였다.

[정답은 26쪽]

▶단어공부 ③◀   [생활한자]

家産 (가산) 집안의 재산

強調 (강조) 강력히 주장함

強化 (강화) 더 강하고 튼튼하게 됨

格言 (격언) 교훈이나 경계가 되는 짧은 말

見聞 (견문) 보고 들음

結果 (결과) 열매를 맺음(일이 이루어지는 마지막 상태)

結局 (결국) 일의 마무리 단계. 끝 판국

決定 (결정) 결단내어 정함

敬老 (경로) 노인을 공경함

告白 (고백) 마음속의 이야기를 털어놓음

告知 (고지) 알려서 앎

公約 (공약) 사회 공중에 대한 약속

公園 (공원) 공동의 휴식과 유락을 위한 큰 정원

果實 (과실) 열매

過失 (과실) 잘못이나 실수

課題 (과제) 주어진 문제나 임무

觀光 (관광) 두루 다니며 풍속을 유람함

廣角 (광각) 넓은 각도

廣告 (광고) 어떤 것을 널리 알리는 것

交流 (교류) 문화・사상 등의 흐름이 서로 통함

敎養 (교양) 가르쳐 길러 얻어지는 지식

舊式 (구식) 옛 격식

國産 (국산) 자기 나라에서 생산한 상품

急流 (급류) 급하게 흐르는 물

基本 (기본) 사물의 가장 중요한 밑바탕

勞動 (노동) 마음과 몸을 써서 일을 함

勞使 (노사) 노동자와 사용자

團結 (단결) 여러 사람이 한데 뭉침

團束 (단속) 주의를 기울여 단단히 다잡거나 보살핌

當代 (당대) 그 시대

當然 (당연) 마땅히 그러함

代決 (대결) 대신 결재함

對決 (대결) 맞서서 겨룸

道具 (도구) 어떤 일을 할 때에 쓰이는 연장

道德 (도덕) 사람으로서 마땅히 지켜야 할 도리

到着 (도착) 목적지에 다다름

獨白 (독백) 혼자서 중얼거림

東洋 (동양) 동쪽 아시아 일대

登用 (등용) 인재를 뽑아 씀

明朗 (명랑) 성격이 맑고 밝음

名節 (명절) 전통적으로 해마다 즐기는 날

木材 (목재) 나무 재료

目的 (목적) 도달하고자 하는 목표나 방향

問題 (문제) 해답을 필요로 하는 물음

美德 (미덕) 아름다운 덕성

發展 (발전) 세력따위가 성하게 뻗어 나감

法式 (법식) 법도와 양식

法典 (법전) 법규를 체계적으로 정리하여 엮은 책

變化 (변화) 사물의 모양·성질·상태 등이 달라짐

兵卒 (병졸) 군사

奉仕 (봉사) 남을 위하여 일함

部分 (부분) 전체를 몇으로 나눈 것 중의 하나

事例 (사례) 일의 전례나 실제의 예

使命 (사명) 맡겨진 임무

事實 (사실) 일의 진실

産業 (산업) 생산을 목적으로 하는 일

相關 (상관) 서로 관계됨

商術 (상술) 장사하는 재주

商店 (상점) 물건을 파는 가게

生命 (생명) 목숨

西洋 (서양) 동양에서 유럽과 미주를 이르는 말

說明 (설명) 알기 쉽게 밝혀서 말함

成功 (성공) 목적이나 뜻을 이룸

世界 (세계) 지구 위의 모든 지역

洗面 (세면) 낯을 씻음

所望 (소망) 바라는 바

小說 (소설) 창조적 문학의 한 형태

首席 (수석) 으뜸가는 자리

宿題 (숙제) 집에서 공부하도록 내주는 과제

時價 (시가) 어느 시기에 정해진 가격

神仙 (신선) 신통력을 얻은 사람

信任 (신임) 믿고 일을 맡김

臣下 (신하) 임금을 섬기어 벼슬하는 사람

失望 (실망) 희망을 잃음

實情 (실정) 실제의 사정[상황]

兒童 (아동) 어린아이

野望 (야망) 분에 훨씬 넘치는 희망	以上 (이상) 그것을 포함,그것보다 많은 것을 나타냄
藥局 (약국) 약을 파는 곳	理由 (이유) 까닭, 사유
約束 (약속) 앞으로의 일을 다짐하여 맺음	利害 (이해) 이로움과 해로움
良心 (양심) 사람의 착하고 좋은 마음	人格 (인격) 사람의 품격
養育 (양육) 길러 자라게 함	日課 (일과) 날마다 일정하게 하는 일
旅客 (여객) 나그네. 여행하는 사람	一定 (일정) 한결같이 정해짐
年歲 (연세) 나이의 높임말	自己 (자기) 그 사람 자신
練習 (연습) 학문·기예등을 익히고 익힘	自宅 (자택) 자기가 살고 있는 집
念頭 (염두) 머리에 생각을 둠	自筆 (자필) 자기가 직접 글씨를 쓰는 것
溫情 (온정) 따뜻한 정	昨年 (작년) 지난해
勇氣 (용기) 겁내지 않는 기운	場所 (장소) 무슨 일을 할 수 있는 곳
友愛 (우애) 형제, 친구 사이의 도타운 정과 사랑	財産 (재산) 유형·무형의 경제적 가치
元首 (원수) 최고통치권을 가진 사람[대통령]	傳記 (전기) 개인 일생의 사적을 적은 기록
偉大 (위대) [업적]크게 뛰어나고 훌륭함	正當 (정당) 바르고 옳음. 이치에 당연함
油價 (유가) 석유의 판매 가격	朝鮮 (조선) 우리나라의 옛 이름
有利 (유리) 이익이 있음	調和 (조화) 서로 잘 어울림
流水 (유수) 흐르는 물	卒業 (졸업) 학교에서 정해놓은 교과과정을 마침
流行 (유행) 어떤 현상이 새로운 경향으로 흐름	種類 (종류) 어떤 기준 따라 나눈 갈래
陸地 (육지) 물에 덮이지 않은 지구 표면	週間 (주간) 한 주일 동안
意識 (의식) 깨어 있을 때 마음의 작용이나 상태	注意 (주의) 마음에 새겨 조심함

主題 (주제) 주요한 제목

住宅 (주택) 사람이 사는 집

重要 (중요) 소중하고 요긴함

地球 (지구) 인류가 살고 있는 땅덩이

知識 (지식) 어떤 사물에 관해 알고 있는 내용

質問 (질문) 모르는 것이나 알고 싶은 것을 물음

參席 (참석) 어떤 자리나 모임에 참여함

責任 (책임) 맡아서 해야 할 임무나 의무

出産 (출산) 아기를 낳음

充分 (충분) 모자람이 없이 차거나 넉넉함

充足 (충족) 채워서 만족함

親切 (친절) 정성스럽고 정다움

特性 (특성) 특별한 성질

表現 (표현) 겉으로 나타냄

品切 (품절) 물건이 다 팔림

品質 (품질) 물품의 성질과 바탕

筆頭 (필두) 맨 처음 차례

筆順 (필순) 붓으로 글을 쓸 때의 순서

必要 (필요) 반드시 요긴하게 쓰이는 것

學歷 (학력) 배운 정도의 이력

學問 (학문) 배우고 물어 익히는 것

合宿 (합숙) [여러 사람이]한곳에서 잠을 잠

幸福 (행복) 복된 좋은 운수

現實 (현실) 바로 눈앞에 나타난 사실

現在 (현재) 이제. 지금

形成 (형성) 어떤 모양을 이룸

效果 (효과) 보람있는 결과

孝道 (효도) 효행하는 길

凶家 (흉가) 불길한 집

公休日 (공휴일) 공적으로 정해진 쉬는 날

具體的 (구체적) 뚜렷한 실체를 갖추고 있는 것

名勝地 (명승지) 경관이 뛰어나 이름난 곳

四角形 (사각형) 네 개의 각이 있는 모양

歷史的 (역사적) 거쳐 온 변천의 모습과 기록의 것

禮式場 (예식장) 예식을 올리는 장소

運動服 (운동복) 운동할 때 입는 옷

親近感 (친근감) 친하고 가깝게 느끼는 감정

---

①단문
②신문사설
③생활한자 ◆8급~6급 단어(27쪽~30쪽)◆
　　　　　◆5Ⅱ단어(103쪽~106쪽)◆ 반복하여 익힙니다.
고루 연습하고 약간의 응용만 가능하다면 단어공부는 무난할 것입니다.

▶ 반대자 ◀

(반대의 뜻을 이해하면서)
1. 독음과 뜻 읽고 한자로 써 보기
2. 뜻을 보고 반대자 만들기(조어력)

1. 江山 (강산) 강과 산
2. 强弱 (강약) 강함과 약함
3. 去來 (거래) 가고 옴[상품을 사고 파는 일]
4. 輕重 (경중) 가벼움과 무거움[일의 정도]
5. 京鄕 (경향) 서울과 시골
6. 古今 (고금) 예와 지금 昨↔今[작금]
7. 苦樂 (고락) 괴로움과 즐거움
8. 高低 (고저) 높고 낮음
9. 曲直 (곡직) 굽음과 곧음[사리의 옳고 그름]
10. 功過 (공과) 공로와 과실[잘함과 잘못함]
11. 官民 (관민) 관청과 민간
12. 敎學 (교학) 가르치고 배움
13. 吉凶 (길흉) 길함과 흉함
14. 男女 (남녀) 남자와 여자
15. 南北 (남북) 남쪽과 북쪽
16. 內外 (내외) 안과 바깥[부부를 이르는 말]
17. 冷溫 (냉온) 차가움과 따뜻함
18. 勞使 (노사) 노동자와 사용자
19. 老少 (노소) 늙은이와 젊은이
20. 多少 (다소) 많고 적음
21. 當落 (당락) [선거]당선과 낙선
22. 大小 (대소) 크고 작음
23. 東西 (동서) 동쪽과 서쪽
24. 得失 (득실) 얻음과 잃음
25. 明暗 (명암) 밝고 어두움
26. 問答 (문답) 물음과 대답
27. 物心 (물심) 물질과 마음
28. 發着 (발착) 출발과 도착
29. 本末 (본말) 일의 근본[시작]과 끝
30. 父母 (부모) 아버지와 어머니
31. 夫婦 (부부) 남편과 아내
32. 分合 (분합) 나누는 일과 합하는 일
33. 師弟 (사제) 스승과 제자
34. 死活 (사활) 죽음과 삶 死↔生[사생]
35. 山河 (산하) 산과 물
36. 上下 (상하) 위와 아래
37. 生死 (생사) 삶과 죽음, 태어남과 죽음
38. 善惡 (선악) 착함과 악함
39. 先後 (선후) 먼저와 뒤
40. 成敗 (성패) 성공과 실패
41. 手足 (수족) 손과 발
42. 順逆 (순역) 순종과 거역
43. 勝敗 (승패) 승리와 패배
44. 始終 (시종) 처음과 끝, 始↔末[시말]

45 新舊 (신구) 새것과 헌것
46 心身 (심신) 마음과 몸
47 言行 (언행) 말과 행동
48 往來 (왕래) 가고 옴   來↔往[내왕]
49 遠近 (원근) 멀고 가까움
50 有無 (유무) 있음과 없음
51 陸海 (육해) 땅과 바다
52 陰陽 (음양) 음지와 양지
53 利害 (이해) 이익과 손해
54 因果 (인과) 원인과 결과
55 自他 (자타) 자기와 남
56 昨今 (작금) 어제와 오늘 古↔今[고금]
57 長短 (장단) 길고 짧음, 장점과 단점
58 將兵 (장병) 장수와 병사 將↔卒[장졸]

59 前後 (전후) 앞과 뒤
60 朝夕 (조석) 아침과 저녁
61 祖孫 (조손) 할아버지와 손자
62 左右 (좌우) 왼쪽과 오른쪽
63 主客 (주객) 주인과 손님
64 晝夜 (주야) 낮과 밤
65 天地 (천지) 하늘과 땅
66 春秋 (춘추) 봄과 가을
67 出入 (출입) 나가고 들어옴[드나듦]
68 豊凶 (풍흉) 풍년과 흉년
69 夏冬 (하동) 여름과 겨울
70 虛實 (허실) 거짓과 진실
71 兄弟 (형제) 형과 아우
72 黑白 (흑백) 검은빛과 흰빛[잘잘못, 옳고 그름]

4급Ⅱ로 결합된 반대자 [쓸 줄 몰라도 이해해야 하는 단어]

□ 增減 (증감) 증가와 감소(늘고 줄어듦)
□ 加減 (가감) 더하고 뺌
□ 斷續 (단속) 끊어졌다 이어졌다 함
□ 貧富 (빈부) 가난과 부자
□ 賞罰 (상벌) 상과 벌
□ 授受 (수수) 주고 받음
□ 收支 (수지) 수입과 지출
□ 是非 (시비) 옳고 그름

□ 往復 (왕복) 갔다가 돌아옴
□ 眞假 (진가) 진짜와 가짜[참과 거짓]
□ 進退 (진퇴) 나아감과 물러남
□ 出缺 (출결) 출석과 결석
□ 寒暖 (한난) 추위과 따뜻함
□ 好惡 (호오) 좋아하고 싫어함
□ 呼吸 (호흡) 숨을 내쉬고 들이마심
□ 興亡 (흥망) 흥하고 망함

▶ 반대자 독음 쓰기 ◀

정답 107쪽

독음 자주 읽기

3. 去來 (　　　)
4. 輕重 (　　　)
9. 曲直 (　　　)
11. 官民 (　　　)
13. 吉凶 (　　　)
17. 冷溫 (　　　)
24. 得失 (　　　)
33. 師弟 (　　　)
38. 善惡 (　　　)
52. 陰陽 (　　　)
54. 因果 (　　　)
68. 豊凶 (　　　)
70. 虛實 (　　　)

5. 京鄕 (　　　)
8. 高低 (　　　)
25. 明暗 (　　　)
29. 本末 (　　　)
31. 夫婦 (　　　)
35. 山河 (　　　)
42. 順逆 (　　　)
43. 勝敗 (　　　)
50. 有無 (　　　)
55. 自他 (　　　)

반복하여 읽어 보세요

1. 江山 (　　　)
2. 強弱 (　　　)
6. 古今 (　　　)

7. 苦樂 (　　　)
10. 功過 (　　　)
15. 南北 (　　　)
16. 內外 (　　　)
18. 勞使 (　　　)
19. 老少 (　　　)
23. 東西 (　　　)
26. 問答 (　　　)
27. 物心 (　　　)
28. 發着 (　　　)
34. 死活 (　　　)
37. 生死 (　　　)
39. 先後 (　　　)
44. 始終 (　　　)

46. 心身 (　　　)
47. 言行 (　　　)
49. 遠近 (　　　)
51. 陸海 (　　　)
53. 利害 (　　　)
57. 長短 (　　　)
59. 前後 (　　　)
60. 朝夕 (　　　)
61. 祖孫 (　　　)
63. 主客 (　　　)
64. 晝夜 (　　　)
65. 天地 (　　　)
66. 春秋 (　　　)
69. 夏冬 (　　　)

▶ 반대자 공부 테스트 ◀

정답 107, 109쪽

▽ 한쪽만 테스트 ▽

3. 去 - ☐
4. 輕 - ☐
9. 曲 - ☐
11. 官 - ☐
13. 吉 - ☐
17. 冷 - ☐
24. 得 - ☐
33. 師 - ☐
38. 善 - ☐
52. 陰 - ☐
54. 因 - ☐
68. 豊 - ☐
70. 虛 - ☐

5. ☐ - 鄉
8. ☐ - 低
25. ☐ - 暗
29. ☐ - 末
31. ☐ - 婦
35. ☐ - 河
42. ☐ - 逆
43. ☐ - 敗
50. ☐ - 無
55. ☐ - 他

★ 양쪽 테스트 필수 ★

1. 江 - ☐
2. 強 - ☐
6. 古 - ☐
7. 苦 - ☐
10. 功 - ☐
15. 南 - ☐
16. 內 - ☐
18. 勞 - ☐
19. 老 - ☐
23. 東 - ☐
26. 問 - ☐
27. 物 - ☐
28. 發 - ☐
34. 死 - ☐
37. 生 - ☐
39. 先 - ☐
44. 始 - ☐

46. 心 - ☐
47. 言 - ☐
49. 遠 - ☐
51. 陸 - ☐
53. 利 - ☐
57. 長 - ☐
59. 前 - ☐
60. 朝 - ☐
61. 祖 - ☐
63. 主 - ☐
64. 晝 - ☐
65. 天 - ☐
66. 春 - ☐
69. 夏 - ☐

▶ 유 의 자 ◀

(비슷한 뜻을 이해하면서) 독음읽고 한자로 써 보기

1. 家屋 (가옥) 집 가/집 옥
2. 歌謠 (가요) 노래가/노래요
3. 家宅 (가택) 집 가/집 택
4. 結果 (결과) 맺을결/실과과,결과과
5. 經過 (경과) 지날경/지날과   經=歷
6. 計算 (계산) 셀 계/셈 산
7. 空虛 (공허) 빌 공/빌 허   虛=空
8. 過去 (과거) 지날과/갈 거
9. 果實 (과실) 실과과/열매실
10. 過失 (과실) 지날과,잘못과/잃을실,실수실
11. 敎訓 (교훈) 가르칠교/가르칠훈
12. 具備 (구비) 갖출구/갖출비
13. 貴重 (귀중) 귀할귀/무거울중,중요중
14. 規則 (규칙) 법 규/법칙칙
15. 根本 (근본) 뿌리근/근본본
16. 急速 (급속) 급할급/빠를속
17. 技術 (기술) 재주기/재주술
18. 談話 (담화) 말씀담/말씀화
19. 道路 (도로) 길 도/길 로
20. 圖畵 (도화) 그림도/그림화
21. 到着 (도착) 이를도/붙을착
22. 明朗 (명랑) 밝을명/밝을랑
23. 文章 (문장) 글월문/글장

24. 門戶 (문호) 문문/집호,문호
25. 物品 (물품) 물건물/물건품   物=件
26. 法式 (법식) 법 법/법 식   法=規
27. 變化 (변화) 변할변/될화,변할화
28. 兵卒 (병졸) 병사병/병사졸
29. 報告 (보고) 갚을보,알릴보/고할고,알릴고
30. 奉仕 (봉사) 받들봉/섬길사
31. 費用 (비용) 쓸 비/쓸 용
32. 算數 (산수) 셈 산/셈 수
33. 生活 (생활) 날생,살생/살활   生=産
34. 樹木 (수목) 나무수/나무목
35. 始初 (시초) 비로소시,처음시/처음초
36. 身體 (신체) 몸 신/몸 체
37. 心情 (심정) 마음심/뜻 정
38. 兒童 (아동) 아이아/아이동
39. 眼目 (안목) 눈 안/눈 목
40. 言語 (언어) 말씀언/말씀어
41. 旅客 (여객) 나그네려,손님려/손객
42. 歷史 (역사) 지날력,역사력/사기사,역사사
43. 年歲 (연세) 해 년/해 세
44. 練習 (연습) 익힐련/익힐습
45. 永遠 (영원) 길영,오랠영/멀원
46. 溫暖 (온난) 따뜻할온/따뜻할난

- 111 -

47	完全 (완전) 완전완/온전할전	62	終末 (종말) 마칠종,끝종/끝말
48	運動 (운동) 옮길운,움직일운/움직일동	63	增加 (증가) 더할증/더할가
49	偉大 (위대) 클 위/큰 대	64	知識 (지식) 알 지/알 식
50	肉身 (육신) 몸 육/몸 신	65	質問 (질문) 바탕질,물을질/물을문 素=質
51	音聲 (음성) 소리음/소리성	66	集合 (집합) 모을집/합할합
52	衣服 (의복) 옷 의/옷 복	67	責任 (책임) 꾸짖을책,책임책/맡길임
53	意思 (의사) 뜻 의/생각사	68	處所 (처소) 곳처/바소,곳소
54	意志 (의지) 뜻 의/뜻 지	69	靑綠 (청록) 푸를청/푸를록
55	財産 (재산) 재물재/재산산 生=産	70	土地 (토지) 흙토,땅토/땅지
56	戰爭 (전쟁) 싸움전/다툴쟁	71	通達 (통달) 통할통/통달할달 到=達
57	節約 (절약) 마디절,절약절/맺을약,절약약	72	海洋 (해양) 바다해/큰바다양
58	停止 (정지) 머무를정/그칠지	73	幸福 (행복) 다행행,행복행/복복,행복복
59	正直 (정직) 바를정/곧을직	74	虛空 (허공) 빌 허/빌 공
60	製作 (제작) 지을제/지을작 造=作	75	協和 (협화) 화할협/화할화
61	調査 (조사) 고를조,조사조/조사할사	76	希望 (희망) 바랄희/바랄망

☐☐☐ 4급Ⅱ로 결합된 유의자 [쓸 줄 몰라도 이해해야 하는 단어] ☐☐☐

☐ 監視 (감시) 볼 감/볼 시	☐ 佛寺 (불사) 부처불/절 사
☐ 健康 (건강) 굳셀건/편안강	☐ 設置 (설치) 베풀설/둘 치
☐ 官職 (관직) 벼슬관/벼슬직	☐ 純潔 (순결) 순수할순/깨끗할결
☐ 救濟 (구제) 구원할구/건널제,구제할제	☐ 施設 (시설) 베풀시/베풀설
☐ 羅列 (나열) 벌릴라/벌릴렬	☐ 試驗 (시험) 시험할시/시험할험
☐ 斷絶 (단절) 끊을단/끊을절	☐ 連續 (연속) 이을련/이을속
☐ 末端 (말단) 끝 말/끝 단	☐ 恩惠 (은혜) 은혜은/은혜혜
☐ 保守 (보수) 지킬보/지킬수	☐ 政治 (정치) 정사정/다스릴치
☐ 副次 (부차) 버금부/버금차	☐ 至極 (지극) 이를지,지극할지/다할극

▶ 유의자 독음 쓰기 ◀

정답 111쪽

독음 자주 읽기	54. 意志 ( )	22. 明朗 ( )	41. 旅客 ( )
39. 眼目 ( )	71. 通達 ( )	23. 文章 ( )	42. 歷史 ( )
47. 完全 ( )	반복하여 읽어 보세요	25. 物品 ( )	43. 年歲 ( )
63. 增加 ( )	3. 家宅 ( )	26. 法式 ( )	44. 練習 ( )
68. 處所 ( )	4. 結果 ( )	27. 變化 ( )	45. 永遠 ( )
74. 虛空 ( )	6. 計算 ( )	28. 兵卒 ( )	48. 運動 ( )
76. 希望 ( )	9. 果實 ( )	31. 費用 ( )	49. 偉大 ( )
1. 家屋 ( )	11. 敎訓 ( )	32. 算數 ( )	52. 衣服 ( )
2. 歌謠 ( )	15. 根本 ( )	33. 生活 ( )	59. 正直 ( )
8. 過去 ( )	17. 技術 ( )	34. 樹木 ( )	64. 知識 ( )
12. 具備 ( )	18. 談話 ( )	36. 身體 ( )	66. 集合 ( )
35. 始初 ( )	19. 道路 ( )	37. 心情 ( )	69. 靑綠 ( )
46. 溫暖 ( )	20. 圖畫 ( )	38. 兒童 ( )	70. 土地 ( )
51. 音聲 ( )	21. 到着 ( )	40. 言語 ( )	73. 幸福 ( )

- 113 -

▶ 유의자 공부 테스트 ◀

정답 111, 113쪽

39. 眼 - ☐
47. 完 - ☐
63. 增 - ☐
68. 處 - ☐
74. 虛 - ☐
76. 希 - ☐
1. ☐ - 屋
2. ☐ - 謠
8. ☐ - 去
12. ☐ - 備
35. ☐ - 初
46. ☐ - 暖
51. ☐ - 聲

54. ☐ - 志
71. ☐ - 達

3. 家 - ☐
4. 結 - ☐
6. 計 - ☐
9. 果 - ☐
11. 敎 - ☐
15. 根 - ☐
17. 技 - ☐
18. 談 - ☐
19. 道 - ☐
20. 圖 - ☐
21. 到 - ☐

22. 明 - ☐
23. 文 - ☐
25. 物 - ☐
26. 法 - ☐
27. 變 - ☐
28. 兵 - ☐
31. 費 - ☐
32. 算 - ☐
33. 生 - ☐
34. 樹 - ☐
36. 身 - ☐
37. 心 - ☐
38. 兒 - ☐
40. 言 - ☐

41. 旅 - ☐
42. 歷 - ☐
43. 年 - ☐
44. 練 - ☐
45. 永 - ☐
48. 運 - ☐
49. 偉 - ☐
52. 衣 - ☐
59. 正 - ☐
64. 知 - ☐
66. 集 - ☐
69. 青 - ☐
70. 土 - ☐
73. 幸 - ☐

- 114 -

▶略字(약자)◀

복잡한 한자를 간략하게 쓴 글자

▷ 반드시 正字를 익힌 후 略字 습득합니다.
▷ 정자는 약자로, 약자는 정자로 연습 하세요.

8~6급	정자	약자		정자	약자	5급	정자	약자		정자	약자
나라 국	國	国	즐길 락	樂	楽	값 가	價	価	변할 변	變	変
일만 만	萬	万	예도 례	禮	礼	관계할 관	關	関	열매 실	實	実
배울 학	學	学	필 발	發	発	볼 관	觀	观	악할 악	惡	悪
기운 기	氣	気	의원 의	醫	医	넓을 광	廣	広	전할 전	傳	伝
올 래	來	来	싸울 전	戰	战	예 구	舊	旧	참여할 참	參	参
셈 수	數	数	낮 주	晝	昼	둥글 단	團	団	들 거	擧	挙
구분할 구	區	区	몸 체	體	体	마땅 당	當	当	가벼울 경	輕	軽
대할 대	對	対	이름 호	號	号	홀로 독	獨	独	베낄 사	寫	写
그림 도	圖	図	그림 화	畵	画	한가지 동	同	仝	다툴 쟁	爭	争
읽을 독	讀	読	모일 회	會	会	일할 로	勞	労	쇠 철	鐵	鉄

4급Ⅱ				정자	약자		정자	약자		정자	약자
			무리 당	黨	党	형상 상	狀	状	건널 제	濟	済
거짓 가	假	仮	등 등	燈	灯	소리 성	聲	声	곳 처	處	処
검사할 검	檢	検	두 량	兩	両	이을 속	續	続	다 총	總	総
지날 경	經	経	찰 만	滿	満	누를 압	壓	圧	벌레 충	蟲	虫
권세 권	權	权	가 변	邊	辺	영화 영	榮	栄	이 치	齒	歯
끊을 단	斷	断	보배 보	寶	宝	응할 응	應	応	빌 허	虛	虚
멜 담	擔	担	부처 불	佛	仏	장수 장	將	将	시험할 험	驗	験

▶ 약자테스트 ◀

정자는 약자로, 약자는 정자로 테스트 해 보세요.

國 -　　　　樂 -　　　　價 -　　　　變 -

萬 -　　　　禮 -　　　　關 -　　　　實 -

學 -　　　　發 -　　　　觀 -　　　　惡 -

氣 -　　　　醫 -　　　　廣 -　　　　傳 -

來 -　　　　戰 -　　　　舊 -　　　　參 -

數 -　　　　畫 -　　　　團 -

區 -　　　　體 -　　　　當 -

對 -　　　　號 -　　　　獨 -

圖 -　　　　晝 -　　　　同 -

讀 -　　　　會 -　　　　勞 -

※ 노트에 반복해서 연습 해 봅시다.

▶ 틀리기 쉬운 부수 ◀		
테스트	①부수명 알기　②한자로 쓰고 부수 표시　③부수에 속하는 한자 써 보기	
제부수	飛 香 非 比 走 用 支 行 長 風 高 角 止 斗 豆 羊 玉 示 臣 音 至 里 食 生 父 田 鳥 馬	
	색깔	色(색)　黑(흑)　白(백)　黃(황)　靑(청)　赤(적)
	사람	自己(자기)　心身(심신)　手足(수족)　耳目口鼻(이목구비) 血肉(혈육)　皮骨(피골)　面毛(면모)　齒(치)　首(수)
門관련	音이 '문'이면　問(口:부수)　聞(耳:부수) 입니다.	

席(巾)	鐵(金)	省(目)	島(山)	原(厂)	字(子)	基(土)
度(广)	天(大)	精(米)	破(石)	友(又)	學(子)	壁(土)
可(口)	夫(大)	百(白)	潔(水)	能(肉)	孝(子)	街(行)
和(口)	料(斗)	缺(缶)	永(水)	朝(月)	番(田)	術(行)
知(矢)	科(禾)	北(匕)	想(心)	醫(酉)	畵(田)	香(香)
如(女)	重(里)	化(匕)	愛(心)	製(衣)	歷(止)	頭(頁)
加(力)	童(立)	非(非)	要(襾)	表(衣)	歲(止)	題(頁)
功(力)	章(立)	飛(飛)	西(襾)	聖(耳)	步(止)	衆(血)
好(女)	卓(十)	高(高)	義(羊)	聲(耳)	葉(艹)	所(戶)
勝(力)	家(宀)	齒(齒)	警(言)	五(二)	藝(艹)	歌(欠)
勇(力)	安(宀)	鼻(鼻)	訪(言)	曜(日)	導(寸)	舊(臼)
事(亅)	案(木)	續(糸)	變(言)	畫(日)	集(隹)	曲(曰)
間(門)	果(木)	初(刀)	謝(言)	景(日)	死(歹)	會(曰)
聞(耳)	東(木)	前(刀)	左(工)	産(生)	無(火)	
問(口)	束(木)	到(刀)	順(頁)	黨(黑)	秋(禾)	以外 部首는 배정한자 참고하세요.

- 117 -

▶同音異義語와 長·短音◀
동음이의어   장   단음

동음이의어? 같은 소리에 다른 뜻을 지닌 한자어
【ː】장음이란? 첫음절이 길게 소리나는 것
① 低長高短(낮은소리는 장음, 높은소리는 단음)
② 終聲(받침)이 ㄱ,ㄹ,ㅂ은 단음

뜻풀이→문법에 맞는 조어력→어휘력·단어분별력 향상

한자를 가리고 *테스트 해 보세요

⸻ 가구
家口 주거와 생계를 같이 하는 단위 *
家具 가정 살림에 쓰이는 온갖 세간 *

⸻ 가산
家産 집안의 재산 *
加算 더하여 계산함

⸻ 가정
家政 집안 살림을 다스려 나가는 일
家庭 가족이 함께 생활하는 사회의 작은 집단 *

⸻ 각도
各道 각각의 행정구역 *
角度 각의 크기 *

⸻ 경로
經路 지나가는 길
敬ː老 노인을 공경함 *

⸻ 고급
高級 높은 등급 *
告ː急 급히 알림 *

⸻ 고대
苦待 괴로운 심정으로 기다림 *
古代 옛날 시대 *

⸻ 고사
考ː査 자세히 생각하고 조사함 (중간고사)
古ː史 옛날 역사 *

⸻ 고인
故ː人 죽은 사람
古ː人 옛사람 *

⸻ 고지
高地 높은 땅 *
告ː知 알려서 앎 *

⸻ 공과
工科 공학에 관한 학문을 연구하는 과 *
公課 관청에서 국민에게 부과함

⸻ 공법
公法 국가와 개인 간의 규정된 법률 *
工法 공사하는 방법 *

⸻ 공산
工産 공장에서 만듦 (공산품) *
共産 재산을 공동으로 관리함 (공산주의) *

⸻ 공약
公約 사회 공중에 대한 약속 *
空約 헛된 약속 *

⸻ 공용
公用 공공의 목적으로 사용함 *
共ː用 함께 사용함 *

⸻ 공원
工員 공장의 노동자
公園 여러 사람이 이용하는 동산 *

⸻ 공중
公衆 사회의 여러 사람
空中 지구 표면을 둘러싸고 있는 공간 *

⸻ 공해
公害 생활환경에 미치는 해로움 *
空海 하늘처럼 가히 없는 바다 *

######## 과실
過:失 잘못이나 실수 *
果:實 열매 *

######## 교감
交感 서로 접촉되어 감응함 *
校:監 학교 일을 감독하는 직책

######## 교단
敎:團 종교 단체 *
敎:壇 가르칠 때 올라서는 단

######## 교정
校:庭 학교 운동장 *
校:正 틀린 글자를 바로 잡음 *

######## 교훈
敎:訓 가르쳐서 깨우침 *
校:訓 학교의 교육 이념 *

######## 구전
口:傳 말로 전해 옴 *
舊:典 옛날 책 *

######## 구호
口:號 주장 따위를 나타내는 짤막한 호소 *
救:護 도와서 보호함

######## 국사
國事 나라의 중대한 일 *
國史 나라의 역사 *

######## 급수
給水 물을 공급함
級數 우열에 따라 매기는 등급 *

######## 기사
技:士 기술직에 종사하는 사람
記事 사실을 적음 *

######## 노력
勞力 어떤 일을 하는 데 드는 힘 *
努力 힘을 다하여 애쓰는 힘

######## 농가
農家 농사를 짓는 집 *
農歌 農夫歌의 준말 *

######## 농로
農老 농사일에 익숙함 老:익숙할로 *
農路 농사일에 많이 이용되는 길 *

######## 대결
對:決 서로 대하여 결정함 *
代:決 대신 결제함 *

######## 대신
大臣 나라의 벼슬아치 *
代:身 대리자 *

######## 대풍
大:風 큰 바람 *
大:豊 곡식이 썩 잘된 풍작

######## 독자
獨子 외아들 *
讀者 책을 읽는 사람 *

######## 동시
同時 같은 때 *
童詩 아이들을 위한 글

######## 동향
東向 동쪽 방향 *
動:向 [사람의 마음, 정세, 상태] 움직이는 방향 *

######## 동화
同化 다른 것과 같이 변함 *
童:話 아이들의 이야기

######## 명문
名門 문벌이 좋은 집안 *
名文 유명한 문장 *

######## 문재
文才 글재주 *
門材 문의 재료 *

……… 발전
發電　전기를 일으킴 *
發展　세력 따위가 성하게 뻗어 감 *

……… 방화
防火　화재를 미리 막음 (방화대책)
放:火　일부러 불을 지름 *

……… 부동
不同　서로 같지 않음 *
不動　움직이지 않음 (부동자세) *

……… 부인
夫人　남의 아내를 높여 부름 *
婦人　결혼한 여자

……… 부자
父子　아버지와 아들 *
富者　재산이 많은 사람

……… 부정
不正　바르지 않음 *
不定　정해져 있지 않음 (주거지부정) *

……… 부족
部族　조상이 같은 공동체
不足　충분하지 못함 *

……… 분수
分水　갈라서 나오는 물 *
分數　분자와 분모로 나타낸 숫자 *

……… 사고
四:苦　인생의 네 가지 고통 *
思考　생각 (사고력)

……… 사신
四:神　사방을 맡아 다스리는 신 *
使:臣　나라의 명을 받아 외국에 파견되는 신하 *

……… 사후
死:後　죽은 뒤 *
事:後　일이 끝난 뒤 *

……… 상가
商家　장사하는 집 *
商街　상점이 늘어선 거리

……… 상수
上:手　남보다 나은 솜씨 *
上:水　수도관을 통해 보내는 맑은 물 *

……… 상품
上:品　좋은 품질의 물건 *
商品　장사하는 물건 *

……… 성명
聲明　여럿사람에게 공개하여 발표하는 일
姓:名　성과 이름 *

……… 성인
聖:人　智德이 뛰어나 세인들의 숭상 받을 만한 사람
成人　이미 성년이 된 사람 *

……… 소녀
少:女　나이가 적은 여자 아이 *
小:女　여자가 자기를 낮추는 말 *

……… 소문
所聞　떠도는 말 *
小門　작은 문 *

……… 소수
小:數　작은 수 *
少:數　적은 수효 *

……… 소식
消息　안부 따위에 대한 기별이나 편지
小:食　음식을 적게 먹음 *

……… 소화
消化　먹은 음식을 삭임 *
消火　불을 끔 (소화기) *

……… 수도
水道　상수도의 준말 *
首都　한나라의 중앙 정부가 있는 도시

	수상
水上	물 위 *
首相	내각의 우두머리 *

	수석
首席	맨 윗자리 (1등) *
水石	물과 돌 *

	수중
水中	물 속 *
手中	손 안 *

	시공
施:工	공사를 시행함
時空	시간과 공간 *

	시조
始:祖	한 가계나 왕계의 초대가 되는 사람 *
時調	우리나라 고유의 정형시 *

	신선
新鮮	새롭고 산뜻함 *
神仙	신통력을 얻은 사람 *

	신임
信:任	믿고 일을 맡김 *
新任	새로 임명됨 (신임사원) *

	실수
失手	잘못을 저지름 *
實數	실제의 숫자 *

	실신
失神	정신을 잃음 *
失信	믿음을 잃음 *

	실정
實定	실제로 정해짐 *
實情	실제의 사정 (상황) *

	여객
女客	여자 손님 *
旅客	여행을 하고 있는 사람 *

	역사
力士	뛰어나게 힘이 센 사람 *
歷史	거쳐 온 변천의 모습과 기록 *

	외형
外:兄	외사촌 형 *
外:形	겉으로 드러난 모양 *

	용기
勇:氣	씩씩하고 굳센 기운 *
容器	물건을 담는 그릇

	우수
右:手	오른 손 *
雨:水	빗물, 이십사절기의 하나 *

	원수
原水	근원이 되는 물
元首	최고통치권을 가진 사람 (대통령) *

	의식
意:識	깨어 있을 때 마음의 작용 *
衣食	의복과 음식 *

	이성
二:姓	두 개의 성씨 *
理:性	사물의 이치를 논리적으로 생각 *

	이해
理:解	사리를 분별하여 앎
利:害	이익과 손해 *

	인도
人道	사람이 다니는 길, 사람의 도리 *
引導	이끌어 지도함

	인상
人相	사람의 얼굴 생김새 *
引上	끌어 올림 (요금인상)

	일금
一禁	한결 같이 금함
一金	"돈"이란 뜻으로 쓰이는 말 *

일원
一員　단체 중의 하나 (가족의 일원)
一元　근원이 오직 하나인 것 *

일자
日字　날짜 *
一字　한 글자 *

일정
日程　그날에 할 일 (여행日程表)
一定　정해져 있어 한결같음(一定한 수입) *

자모
字母　글자를 이루는 하나하나의 글자 *
子母　아들과 어머니 *

전기
電:氣　에너지 *
傳記　한 개인의 일생을 적은 기록 *

전력
全力　모든 힘 *
前歷　과거의 경력 *

전례
典:例　법의 예 *
前例　앞의 예(본보기) *

전선
戰:線　싸움터 *
電:線　전깃줄 *

전시
戰:時　전쟁이 일어난 시대 *
展:示　펼쳐서 보임 *

정당
正:當　바르고 마땅함 *
政黨　정치적 이념과 이상을 실현하기 위하여 모인 단체

정도
正:道　바른 길 *
政道　정치의 방침

정원
庭園　뜰과 동산 *
定:員　정해진 인원

조선
造:船　배를 만듦
朝鮮　우리나라의 옛 이름 *

조화
造:化　천지자연의 이치
調和　서로 잘 어울림 *

지도
地圖　땅을 줄여서 그림 *
指導　가르쳐 이끎

직선
直選　직접 선거
直線　곧은 줄 *

청산
淸算　맑게 계산을 끝냄 *
靑山　푸른 산 *

통화
通貨　나라 안에서 통용되고 있는 화폐
通話　말을 서로 주고받음 *

풍속
風俗　사회적인 습관
風速　바람의 속도 *

하교
下:敎　아랫사람에게 가르침 *
下:校　공부를 마치고 학교 길을 내려감 *

학력
學歷　배운 정도의 이력 *
學力　학습으로 쌓은 능력의 정도 *

학문
學文　글을 배움 *
學問　배우고 물어 익히는 것 *

한자능력검정시험時 유의사항

1. 수험번호, 주민등록번호, 성명 반드시 기재
2. 검정볼펜 사용 (수정액사용)
3. 신분증 지참 (초등학생은 의료보험증 지참)
4. 답안지 칸에 벗어나지 않도록 작성
5. 답안지 낙서 금지
6. 대표훈음을 기재 (검토할 것)

우량상과 **우수상**의 시상 기준

급수	총문항(합격점)	우량상			우수상			비고
		초등	중등	고등	초등	중등	고등	
4급Ⅱ	100 (70)	75	80	85	80	85	90	

만점 받아서 우수상 탈꺼다!

나두! 열심히 해야지.

다할진/사람인/일 사/기다릴 대/하늘천/목숨명
盡人事待天命
사람의 일을 다하고 천명을 기다린다. [最善을 다함]

第1回　　漢字能力檢定試驗　　4級 II

(시험시간 : 50분)

※ 다음 漢字語의 讀音을 쓰시오.

1. 難解(　　)　　2. 修身(　　)
3. 協助(　　)　　4. 造作(　　)
5. 內患(　　)　　6. 方案(　　)
7. 祭典(　　)　　8. 聖火(　　)
9. 血稅(　　)　　10. 水害(　　)
11. 強調(　　)　　12. 自認(　　)
13. 淸潔(　　)　　14. 親切(　　)
15. 戰爭(　　)　　16. 死線(　　)
17. 登院(　　)　　18. 惡材(　　)
19. 減員(　　)　　20. 空房(　　)
21. 經濟(　　)　　22. 引受(　　)
23. 着陸(　　)　　24. 起立(　　)
25. 談話(　　)　　26. 決選(　　)
27. 精神(　　)　　28. 建設(　　)
29. 勇氣(　　)　　30. 敗北(*　　)
31. 到達(　　)　　32. 消息(　　)
33. 掃除(　　)　　34. 蟲齒(　　)
35. 功德(　　)

※ 다음 漢字의 訓과 音을 쓰시오.

36. 牛(　　)　　37. 正(　　)
38. 今(　　)　　39. 假(　　)
40. 母(　　)　　41. 球(　　)
42. 氷(　　)　　43. 鄕(　　)
44. 初(　　)　　45. 邑(　　)
46. 竹(　　)　　47. 書(　　)
48. 聞(　　)　　49. 夜(　　)
50. 如(　　)　　51. 黑(　　)
52. 重(　　)　　53. 雲(　　)
54. 田(　　)　　55. 眼(　　)
56. 紙(　　)　　57. 冬(　　)

※ 다음 漢字語를 한자로 쓰시오.

58. 유가(　　) : 석유의 가격
59. 군사(　　) : 군대, 전쟁 등 군에 관한 일
60. 우정(　　) : 벗 사이의 정
61. 연습(　　) : 학문, 기예 등을 연마하여 익힘
62. 인류(　　) : 세계의 모든 사람
63. 화합(　　) : 화목하게 어울림
64. 교류(　　) : 문화, 사상등의 흐름이 서로 통함
65. 동시(　　) : 같은 때나 시기
66. 공중(　　) : 하늘과 땅 사이의 높은 공간

67. 동심( ): 어린이의 마음

68. 지식( ): 어떤 사물에 대해 알고 있는 내용

69. 휴교( ): 학교의 과업을 한동안 쉼

70. 야망( ): 분에 넘치는 희망

71. 개발( ): 개척하여 발전시킴

72. 주간( ): 한 주일 동안

73. 교육( ): 가르쳐 기름

74. 입학( ): 학교에 들어가 학생이 됨

75. 반기( ): 반대의 뜻을 나타낸 행동, 표시

76. 시장( ): 상품을 매매하는 장소

77. 시조( ): 한 겨레의 맨 처음 되는 조상

※ 다음 한자와 뜻이 상대 또는 반대되는 한자를 쓰시오.

78. 江 - ( )   79. ( ) - 使

80. ( ) - 夕

※ 다음 漢字와 소리는 같으나 뜻이 다른 漢字語를 쓰시오.

81. 果實( )   82. 外兄( )

83. 女客( )

※ 다음 漢字의 略字를 쓰시오.

84. 戰( )   85. 廣( )   86. 對( )

※ 다음 漢字와 뜻이 비슷한 漢字를 써서 單語를 만드시오.

87. 技( )   88. 幸( )   89. ( )化

※ 다음 단어의 ( )속에 알맞은 漢字를 쓰시오. (약자도 좋음)

90. 士農( )商
    : 선비·농부·장인·상인.

91. 言( )一致
    : 말과 행동이 같음.

92. ( )熱治熱
    : 열로써 열을 다스림.

93. 良藥( )口
    : 좋은 약은 입에 쓰다는 뜻.

94. ( )無後無
    : 전에도 없었고 앞으로도 없음.

※ 다음 한자의 部首로 맞는 것을 골라 그 번호를 쓰시오.

95. 街( ): ①行 ②土 ③彳 ④圭

96. 醫( ): ①医 ②酉 ③殳 ④矢

97. 邊( ): ①辶 ②自 ③穴 ④方

※ 다음 漢字語의 뜻을 쓰시오.

98. 短命 : ( )

99. 訪韓 : ( )

100. 最古 : ( )

검토하고 제출하십시오. 100점 만점에 70점 이상 합격

[點]

오답공부하고 다음 테스트에 임합니다.

第2回　　漢字能力檢定試驗　　4級 II

(시험시간 : 50분)

※다음 漢字語의 讀音을 쓰시오.

1. 醫保(　　)　　2. 統制(　　)
3. 責任(　　)　　4. 領空(　　)
5. 選定(　　)　　6. 戰爭(　　)
7. 回送(　　)　　8. 百貨(　　)
9. 利益(　　)　　10. 展示(　　)
11. 改正(　　)　　12. 次官(　　)
13. 對決(　　)　　14. 工費(　　)
15. 害蟲(　　)　　16. 初期(　　)
17. 記者(　　)　　18. 政敵(　　)
19. 勞動(　　)　　20. 課外(　　)
21. 減産(　　)　　22. 深海(　　)
23. 風景(　　)　　24. 目錄(　　)
25. 家臣(　　)　　26. 十月(*　　)
27. 不當(*　　)　　28. 議員(　　)
29. 飛上(　　)　　30. 情報(　　)
31. 呼價(　　)　　32. 溫室(　　)
33. 約束(　　)　　34. 強請(　　)
35. 所願(　　)

※다음 글에서 밑줄 친 36~45의 漢字를 正字로 쓰시오.

학문의 세계(36)에서도 순리(37)와 상식의 진리가 존중되어야 할 터이다. 대학의 가치와 역할을 과연 어디에 둘 것인가 하는 것은 여전히 숙고해야 할 문제이다. 대세만을 쫓아 현실을 그대로 추수하는 태도에서 나온 방안은 시간(38)이 경과하면 서서히 부작용을 드러낼 것이다. 인간의 행복(39)에 기여하기 위해 존재하는 것이 학문이라면, 인간 자신을 탐구하고 개발하기 위한 지식을 버리고 어찌 학문을 말할 수 있을 것인가 하는 의문이 든다. 인류사(40)의 전개는 물질적(41)인 풍요만으로 인간이 행복할 수 없으며 그 사회 또한 선진국이 될 수 없다는 사실을 분명히 말해주고 싶다. 행복이란 현실의 삶과 내면(42)적인 정신의 삶에 일치에 의해서만 실현될 수 있는 것이다. 현실의 방편이거나 도구로만 사용(43)되는 지식(44)을 추구하는 것이 학문의 바른 길이 아님은 명백하다. 진정한 학문은 이상과 현실을 매개하고 이론과 실천의 합일을 꾀해 나가는 중단 없는 작업(45)이다.

36. 세계(　　)　　37. 순리(　　)
38. 시간(　　)　　39. 행복(　　)
40. 인류사(　　)　　41. 물질적(　　)
42. 내면(　　)　　43. 사용(　　)
44. 지식(　　)　　45. 작업(　　)

※다음 漢字의 訓과 音을 쓰시오.

46. 七(　　)　　47. 固(　　)
48. 豆(　　)　　49. 寺(　　)
50. 雲(　　)　　51. 鳥(　　)
52. 後(　　)　　53. 流(　　)

54. 登(　　　　) 55. 停(　　　　)
56. 思(　　　　) 57. 苦(　　　　)
58. 命(　　　　) 59. 守(　　　　)
60. 牛(　　　　) 61. 立(　　　　)
62. 童(　　　　) 63. 卓(　　　　)
64. 走(　　　　) 65. 育(　　　　)
66. 船(　　　　) 67. 背(　　　　)

※다음 漢字語를 한자로 쓰시오.

68. 화합(　　　　): 화목하여 잘 합하여짐
69. 교습(　　　　): 가르치고 익히게 함
70. 입주(　　　　): 새로 지은 집에 들어가 사는 것
71. 출석(　　　　): 어떤 자리에 나가는 것
72. 발전(　　　　): 전기를 일으키는 것
73. 동족(　　　　): 같은 겨레
74. 광고(　　　　): 어떤 것을 널리 알림
75. 상품(　　　　): 장사로 파는 물건
76. 자필(　　　　): 자기가 직접 글씨를 쓰는 것
77. 형제(　　　　): 형과 아우

※다음 한자와 뜻이 상대 또는 반대되는
　한자를 써서 漢字語를 만드시오.

78. (　　　)末　79. (　　　)敗　80. 因(　　　)

※다음 漢字와 소리는 같으나 뜻이 다른
　漢字語를 쓰시오.

81. 門材(　　　　) 82. 一禁(　　　　)
83. 天年(　　　　)

※다음 漢字의 略字를 쓰시오.

84. 區(　　　) 85. 學(　　　) 86. 號(　　　)

※다음 漢字와 뜻이 비슷한 漢字를 써서
　單語를 만드시오.

87. (　　　)木　88. (　　　)去　89. (　　　)式

※다음 단어의 (　)속에 알맞은 漢字를 쓰시오.

90. 有(　　　)無言
　: 입은 있으나 할 말이 없음.
91. (　　　)傳子傳
　: 대대로 아버지가 아들에게 전함.
92. 實(　　　)求是
　: 사실에 근거하여 학문을 연구함.
93. 論(　　　)行賞
　: 공을 따져 거기에 맞게 상을 줌.
94. (　　　)今東西
　: 예와 지금, 동양과 서양, 때와 지역을
　　통틀어 일컫는 말.

※다음 한자의 部首로 맞는 것을 골라 그
　번호를 쓰시오.

95. 聖 (　　　) : ①口　②耳　③王　④壬
96. 歲 (　　　) : ①戈　②少　③止　④戌
97. 變 (　　　) : ①言　②玄　③攵　④絲

※다음 漢字語의 뜻을 쓰시오.

98. 早朝 : (　　　　　　　　　　)
99. 山野 : (　　　　　　　　　　)
100. 擧手 : (　　　　　　　　　　)

검토하고 제출하십시오. 100점 만점에 70점 이상 합격

[　點　]

第3回 漢字能力檢定試驗 4級 II

(시험시간 : 50분)

※다음 글을 읽고 물음에 답하시오.

　개인이 교양(1)을 習得(15)하는 방법(2)으로는 독서와 觀察(16)과 사색이 있다. 서양(3)에서는 대학이라는 制度(17)를 만들어 인격(4) 완성을 목표로 하는 교양의 연마에 집중(5)하면서 발전(6)해 왔다. 그러나 19세기초 산업(7)화가 이루어지면서 순수 교양의 습득 실천 기관으로서의 대학은 변질되기 시작(8)되었고 현실(9)적인 직업교육이 우선되어야 한다는 사회적 인식을 외면할 수 없게 되었다. 그래서 대학은 전문적인 학문 硏究(18)가 아닌 실용적인 직업인 양성이라는 任務(19)를 떠맡게 된 것이다. 직업교육은 실용적 지식(10)을 습득하는데 목적을 두고 지식을 외우고 技術(20)을 습득하여 기능적으로 應用(21)함으로써 구체적인 결과(11)를 만들어 낸다는 점에서 그것은 도구적이며 힘을 가진다. 그러나 교양 교육으로 어떤 物件(22)을 만들어 낼 수 없다. 또한 교양 교육은 어떤 종류(12)의 지식에 의거한 것이 아니라 모든 지식을 消火(23)함으로써 인간의 정신에 작용하여 個性的(24)이며 항구한 인격 형성(13)에 도움을 주게 된다. 뉴만은 이러한 교양적 지식을 가르치는 일이 대학의 사명이 되어야 한다는 점을 강조하고 대학을 '보편적 지식을 가르치는 장소(14)'라고 정의하고 있다.

※윗 글에서 밑줄 친 1~14의 漢字語를 漢字 正字로 쓰시오.

1. 교양(　　　)　2. 방법(　　　)
3. 서양(　　　)　4. 인격(　　　)
5. 집중(　　　)　6. 발전(　　　)
7. 산업(　　　)　8. 시작(　　　)
9. 현실(　　　)　10. 지식(　　　)
11. 결과(　　　)　12. 종류(　　　)
13. 형성(　　　)　14. 장소(　　　)

※윗 글에서 밑줄 친 15~24의 漢字語에 讀音을 쓰시오.

15. 習得(　　　)　16. 觀察(　　　)
17. 制度(　　　)　18. 硏究(　　　)
19. 任務(　　　)　20. 技術(　　　)
21. 應用(　　　)　22. 物件(　　　)
23. 消火(　　　)　24. 個性的(　　　)

※다음 漢字語의 讀音을 쓰시오.

25. 統計(　　　)　26. 協商(　　　)
27. 樂勝(*　　　)　28. 復元(　　　)
29. 非理(　　　)　30. 汽車(　　　)
31. 逆風(　　　)　32. 退職(　　　)
33. 考古(　　　)　34. 未聞(　　　)
35. 明堂(　　　)　36. 毒藥(　　　)
37. 大賞(　　　)　38. 夫婦(　　　)
39. 訪問(　　　)　40. 政府(　　　)
41. 救命(　　　)　42. 最貧(　　　)
43. 低空(　　　)　44. 寺院(　　　)
45. 共助(　　　)　46. 外壓(　　　)
47. 表決(　　　)　48. 難民(　　　)
49. 景氣(　　　)

※다음 漢字語를 한자로 쓰시오.

50. 휴전(　　　): 전쟁을 일시적으로 멈추는 것
51. 자택(　　　): 자기가 살고 있는 집

52. 해상(　　　): 바다 위

53. 중병(　　　): 몹시 심한 병

54. 다재(　　　): 재주가 많음

55. 조석(　　　): 아침과 저녁

※다음 漢字의 訓과 音을 쓰시오.

56. 打(　　　)　57. 口(　　　)

58. 寸(　　　)　59. 高(　　　)

60. 示(　　　)　61. 星(　　　)

62. 川(　　　)　63. 暗(　　　)

64. 家(　　　)　65. 活(　　　)

66. 眼(　　　)　67. 昨(　　　)

68. 下(　　　)　69. 飮(　　　)

70. 舍(　　　)　71. 頭(　　　)

72. 同(　　　)　73. 門(　　　)

74. 今(　　　)　75. 授(　　　)

76. 魚(　　　)　77. 士(　　　)

※다음 漢字와 뜻이 상대 또는 반대되는 漢字를 쓰시오.

78. 祖 - (　　　)　79. (　　　) - 過

80. 冷 - (　　　)

※다음 漢字와 소리는 같으나 뜻이 다른 漢字語를 쓰시오.

81. 右軍(　　　)　82. 失神(　　　)

83. 一日(　　　)

※다음 漢字의 약자를 쓰시오.

84. 關(　　)　85. 舊(　　)　86. 變(　　)

※다음 漢字와 뜻이 비슷한 漢字를 써서 單語를 만드시오.

87. 希(　　)　88. 談(　　)　89. (　　)備

※다음 단어의 (　)속에 알맞은 漢字를 쓰시오. (약자도 좋음)

90. 起(　　　)回生
: 죽을 뻔 하다가 다시 살아남.

91. 百(　　　)無益
: 해롭기만 하고 이익이 없음.

92. 弱肉(　　　)食
: 약한 자가 강한 자의 먹이가 됨.

93. 先禮後(　　　)
: 먼저 예의를 배우고 학문을 배움.

94. 落花(　　　)水
: 떨어지는 꽃과 흐르는 물.

※다음 한자의 部首로 맞는 것을 골라 그 번호를 쓰시오.

95. 漁 (　　　) : ①氵 ②魚 ③田 ④灬

96. 續 (　　　) : ①貝 ②四 ③士 ④糸

97. 精 (　　　) : ①米 ②木 ③主 ④靑

※다음 漢字語의 뜻을 쓰시오.

98. 植木 : (　　　　　　　)

99. 放心 : (　　　　　　　)

100. 速步 : (　　　　　　　)

검토하고 제출하십시오. 100점 만점에 70점 이상 합격

[點]

第4回　漢字能力檢定試驗　4級 II

(시험시간 : 50분)

※다음 漢字語의 讀音을 쓰시오.

1. 淸算(　　)　2. 軍隊(　　)
3. 親書(　　)　4. 造船(　　)
5. 增減(　　)　6. 有害(　　)
7. 謝過(　　)　8. 勇氣(　　)
9. 愛着(　　)　10. 氷河(　　)
11. 政府(　　)　12. 郡守(　　)
13. 個體(　　)　14. 原料(　　)
15. 印度(　　)　16. 極樂(　　)
17. 實査(　　)　18. 健保(　　)
19. 産災(　　)　20. 男兒(　　)
21. 急速(　　)　22. 衛星(　　)
23. 救護(　　)　24. 遠洋(　　)
25. 效果(　　)　26. 統計(　　)

※다음 漢字의 訓과 音을 쓰시오.

27. 訪(　　)　28. 野(　　)
29. 價(　　)　30. 吸(　　)
31. 秋(　　)　32. 苦(　　)
33. 技(　　)　34. 集(　　)
35. 助(　　)　36. 器(　　)
37. 足(　　)　38. 頭(　　)
39. 買(　　)　40. 航(　　)
41. 貯(　　)　42. 漁(　　)
43. 昨(　　)　44. 掃(　　)
45. 任(　　)　46. 悲(　　)
47. 門(　　)　48. 移(　　)

※다음 漢字語를 漢字로 쓰시오.

49. 정당(바르고 옳음. 이치에 당연함)
　　　　　………… (　　　　　)
50. 병약(병에 시달려 몸이 허약함)
　　　　　………… (　　　　　)
51. 수림(나무가 우거진 숲)
　　　　　………… (　　　　　)
52. 분별(사물을 종류에 따라 나누어 가름)
　　　　　………… (　　　　　)
53. 단속(주의를 기울여 단단히 다잡거나 보살핌)
　　　　　………… (　　　　　)
54. 식음(먹고 마심) ……… (　　　　　)
55. 온정(따뜻한 정) ……… (　　　　　)
56. 유수(흐르는 물) ……… (　　　　　)
57. 양육(길러 자라게 함) … (　　　　　)

※다음 漢字와 소리는 같으나 뜻이 다른 漢字語를 쓰시오.

58. 同心(　　)　59. 死後(　　)
60. 施工(　　)

※다음 글을 읽고 물음에 답하시오

　　사람은 사회적 존재이다. 사람이 社會(70) 생활(73)을 제대로 누려 나가기 위해서는 끊임없이 다른 사람들과 어울려야 한다.
　　사람과 사람의 어울림에서 가장 중요(74)한 역할을 하는 것은 언어이다. 언어는 생각과 느낌을 傳達(71)해 주는 도구(75)로써, 사람들 사이의 關係(61)를 형성(76)시켜 줄 뿐만 아니라, 사회를 보존하고 발전(77)시키는 역할을 한다.
　　萬一(72)에 모든 사람이, 집안 식구들이나 이웃 사람들과 단 하루라도 말을 하지 않고 지낸다고 假定(62)해 보자, 나아가서 온 세계(78) 인류(79)가 하룻동안 完全(63)히 의사소통을 중지한다고 생각해 보자. 아침에 일어나 꿀 먹은 벙어리처럼 멀뚱멀뚱 쳐다만 본다. 텔레비전도 라디오도 침묵을 지킨다. 물론 전화(80)통도 울리지 않고 신문도 배달되지 않는다. 이처럼 인간 사회에서 언어가 사라지고 나면 結局(64) 인간의 모든 활동이 마비되고 停止(65)된다는 것을 우리는 쉽게 짐작할 수 있다.
　　그러면 이처럼 인간 생활의 기본(81) 조건이 되는 언어를 우리는 얼마만큼 주의(82) 깊게 觀察(66)했으며, 또 조심스럽게 다루어 왔는가? 우리 주변에서 늘 사용(83)하고 있는 말을 들어 보면, 잘못된 표현(84)이 의외로 많다.
　　어느 날 나를 찾아온 학생이 공손한 자세로 이렇게 말했다. "선생님, 시간 좀 계신지요?" 나는 깜짝 놀랐다. 무언가 긴박한 사정이 있어 議論(67)을 하러 왔는데, 선생님의 형편이 어떤지 송구스럽다는 뜻으로 理解(68)되었으나, 시간에다 尊待(69)의 말을 쓸 필요는 없기 때문이었다.

※윗 글에서 밑줄 친 61~69의 漢字語에 讀音을 쓰시오.

61. 關係(　　　) 62. 假定(　　　)

63. 完全(　　　) 64. 結局(　　　)

65. 停止(　　　) 66. 觀察(　　　)

67. 議論(　　　) 68. 理解(　　　)

69. 尊待(　　　)

※윗글에서 70~72의 단어 중에서 밑줄 친 漢字를 略字(약자)로 쓰시오.

70. 社會(　　　) 71. 傳達(　　　)

72. 萬一(　　　)

※윗글에서 밑줄 친 73~84의 漢字語를 漢字로 쓰시오.

73. 생활(　　　) 74. 중요(　　　)

75. 도구(　　　) 76. 형성(　　　)

77. 발전(　　　) 78. 세계(　　　)

79. 인류(　　　) 80. 전화(　　　)

81. 기본(　　　) 82. 주의(　　　)

83. 사용(　　　) 84. 표현(　　　)

※다음 漢字와 뜻이 반대 또는 상대되는 漢字를 (　)안에 넣어 한자어를 만드시오.

85. 得(　　) 86. (　　)鄕 87. 陰(　　)

※다음 漢字와 같은 뜻의 漢字를 (　)에 넣어 漢字語를 만드시오.

88. 年(　　) 89. (　　)識 90. (　　)初

※다음 (　)안에 알맞은 漢字를 쓰시오.

91. (　　)風良俗: 아름답고 좋은 풍속.

92. 耳(　　)口鼻: '귀, 눈, 입, 코'를 이르는 말.

93. 前代未(　　): 이제까지 들어 본 적이 없는 일.

94. 竹馬故(　　): 죽마를 타고 놀던 옛 친구.

95. 燈下不(　　): 등잔 밑이 어둡다는 뜻.

※다음 漢字의 部首를 쓰시오.

96. 家(　　) 97. 功(　　) 98. 席(　　)

※다음 漢字語의 뜻을 쓰시오.

99. 校舍 : (　　　　　　　　　　)

100. 放出 : (　　　　　　　　　　)

第5回 漢字能力檢定試驗　　4級 II

(시험시간 : 50분)

※다음 漢字語의 讀音을 쓰시오.

1. 綠陰(　　　)　2. 滿船(　　　)
3. 接近(　　　)　4. 視線(　　　)
5. 試圖(　　　)　6. 鐵道(　　　)
7. 修身(　　　)　8. 表情(　　　)
9. 非理(　　　)　10. 落馬(　　　)
11. 進步(　　　)　12. 減員(　　　)
13. 準備(　　　)　14. 藥指(　　　)
15. 獨創(　　　)　16. 呼吸(　　　)
17. 至極(　　　)　18. 舉動(　　　)
19. 葉書(　　　)　20. 侵害(　　　)
21. 支障(　　　)　22. 配置(　　　)
23. 取材(　　　)　24. 局限(　　　)
25. 高潔(　　　)　26. 尊敬(　　　)

※다음 漢字의 訓과 音을 쓰시오.

27. 午(　　　)　28. 移(　　　)
29. 康(　　　)　30. 協(　　　)
31. 眞(　　　)　32. 銅(　　　)
33. 警(　　　)　34. 起(　　　)
35. 操(　　　)　36. 早(　　　)
37. 戰(　　　)　38. 宿(　　　)
39. 副(　　　)　40. 放(　　　)
41. 己(　　　)　42. 待(　　　)
43. 謝(　　　)　44. 米(　　　)
45. 細(　　　)　46. 眼(　　　)
47. 川(　　　)　48. 蟲(　　　)

※다음 漢字語를 漢字를 쓰시오.

49. 개시(행동이나 일 따위를 처음 시작함)
　　　　　　　　…………… (　　　　　　　)
50. 급류(물이 급하게 흐름. 또는 그 물)
　　　　　　　　…………… (　　　　　　　)
51. 상술(장사하는 솜씨)
　　　　　　　　…………… (　　　　　　　)
52. 광각(넓은 각도)
　　　　　　　　…………… (　　　　　　　)
53. 병석(병자가 앓아누워 있는 자리)
　　　　　　　　…………… (　　　　　　　)
54. 풍향(바람이 불어오는 방향)
　　　　　　　　…………… (　　　　　　　)
55. 군복(군대의 제복)
　　　　　　　　…………… (　　　　　　　)
56. 공원(관광이나 자연보호를 위하여 지정된 지역·국립공원이나 도립 공원 따위)
　　　　　　　　…………… (　　　　　　　)
57. 속도(빠른 정도)
　　　　　　　　…………… (　　　　　　　)
58. 성공(목적이나 뜻을 이루는 것)
　　　　　　　　…………… (　　　　　　　)

※다음 漢字語와 소리는 같으나 뜻이 다른 漢字語를 쓰시오.

59. 重稅(　　　)　60. 雲行(　　　)
61. 關念(　　　)

※ 다음 글을 읽고 물음에 답하시오.

　쓴소리와 단소리가 사람이 하는 말이고 또 경우에 따라서는 사람에게 모두 필요(71)한 것임에 틀림없다. 그러나 쓴소리와 단소리처럼 때와 장소(72)를 가릴 줄 알아야만 하는 일도 드문 것 같다. 불혹의 나이를 넘어 천명(73)을 알만한 나이의 우리 또래 사람들은 쓴소리를 해야 하는 時期(62)를 유독 길게 갖고 살아왔지만 오히려 단소리의 도배 속에 지내왔던 것이 사실이다. 光復(63) 이후 우리 현대사의 절반 이상을 군사독재라는 환경 속에서 쓴소리가 봉쇄된 채 단소리에 취해 살아온 것이 바로 그것이다. 문민政治(64) 시대를 되찾고, 새 천년(74)을 맞이하여 새로운 마음가짐을 다지는 우리들에게 쓴소리를 회복하는 일은 한 동안 주어진 權利(65)를 행사하지 못하고 앵무새처럼 단소리만을 외쳐대던, 소리하는 데에서 보람을 찾는 것을 업으로 하는 이들의 몫만은 이제 아니다. 돌이켜 보고 싶지 않은 옛날과 달리 우리의 크고 작은 일꾼을 우리 손으로 가려 뽑는 일이 우리에게 되돌아온 이상 다른 무엇보다도 이 일에서만큼은 우선 쓴소리의 미덕(75)을 最大(66)한 살려야 한다. 몇 년간의 經驗(67)으로, 크고 작은 일꾼을 뽑는 일에서도 단소리의 위력이 여전히 막대하다는 사실이 다시 確認(68)되고는 있다. 일꾼이 되고자 하는 이들이나 이들을 붙좇는 사람들의 말이 단소리라는 데에 문제가 있는 것이다. 그러나 역사적(76)으로 지탄받는 어떠한 일꾼도 당대(77)에는 그를 대상으로 단소리만 있었다는 엄연한 사실은 먼 옛날의 일을 들추어 낼 필요 없이 '주막 강아지'를 운운하던 어떤 '골목 강아지'의 사례(78)를 통해 확인할 수 있을 것이다. 이런 사실을 감안할 때 이제는 일꾼을 뽑는 일을 필두(79)로 하여 發想(69)을 전환하고 쓴 소리를 회복하는 일에 우리 모두 나서야 한다. 이러저러한 능력이 있다, 무엇 무엇을 하겠다는 단소리보다 이런 능력은 있지만 저런 능력은 없다, 무엇을 할 수 있지만, 무엇은 할 수 없다는 쓴소리를 높이 사야만 하는 것이다. 우리 모두 쓴소리를 하게 되고 또 쓴소리를 할 줄 아는 사람을 가려 쓸 줄 알게 될 때, 우리의 앞날은 그만큼 밝아질 것이다.
　하긴 단소리는 원래 正初(70)의 명절(80) 때나해야 어울리는 것이니 그 밖의 다른 날들에는 쓴소리를 습관화하도록 해야 마땅한 것이다.

※ 윗글에서 밑줄 친(62~70)의 漢字語에 讀音을 쓰시오.

62. 時期(　　　) 63. 光復(　　　)
64. 政治(　　　) 65. 權利(　　　)
66. 最大(　　　) 67. 經驗(　　　)
68. 確認(　　　) 69. 發想(　　　)
70. 正初(　　　)

※ 윗글에서 밑줄 친 (71~80)의 漢字語를 漢字로 쓰시오.

71. 필요(　　　) 72. 장소(　　　)
73. 천명(　　　) 74. 천년(　　　)
75. 미덕(　　　) 76. 역사적(　　　)
77. 당대(　　　) 78. 사례(　　　)
79. 필두(　　　) 80. 명절(　　　)

※ 다음 漢字와 뜻이 반대 또는 상대되는 漢字를 (　)안에 넣어 한자어를 만드시오.

81. 曲 - (　　　) 82. 吉 - (　　　)
83. 官 - (　　　)

※ 다음 漢字와 같은 뜻의 漢字를 (　)에 넣어 漢字語를 만드시오.

84. (　　　) - 屋　 85. 明 - (　　　)
86. (　　　) - 達

※ 다음 (　)안에 알맞은 漢字를 쓰시오.

87. 結(　　　)報恩 : 풀을 맺어 은혜를 갚다.
88. 父子有(　　　) : 아버지와 아들 사이의 도는 친애에 있다.
89. 死生(　　　)斷 : 죽음을 각오하고 대들어 끝장냄.
90. 實(　　　)求是 : 사실에 토대를 두어 진리를 탐구 하는 일.
91. 卓上(　　　)論 : 실천성이 없는 허황한 이론.

※ 다음 漢字語의 部首를 쓰시오.

92. 北(　　　) 93. 五(　　　) 94. 安(　　　)

※ 다음 漢字語의 뜻을 쓰시오.

95. 深夜 : (　　　　　　　　　)
96. 好感 : (　　　　　　　　　)
97. 次男 : (　　　　　　　　　)

※ 다음 漢字의 略字(약자)를 쓰시오.

98. 價(　　　) 99. 體(　　　) 100. 國(　　　)

第6回 漢字能力檢定試驗 4級 II

(시험시간 : 50분)

※ 다음 漢字의 讀音을 쓰시오.

1. 施設(　　)　　2. 團束(　　)
3. 利敵(　　)　　4. 病床(　　)
5. 悲報(　　)　　6. 拜金(　　)
7. 商船(　　)　　8. 背景(　　)
9. 角度(　　)　　10. 邊境(　　)
11. 溫暖(　　)　　12. 參考(　　)
13. 航路(　　)　　14. 常綠(　　)
15. 警官(　　)　　16. 藝術(　　)
17. 吸收(　　)　　18. 産室(　　)
19. 擔保(　　)　　20. 觀望(　　)
21. 待接(　　)　　22. 健康(　　)
23. 恩惠(　　)　　24. 豊盛(　　)
25. 放置(　　)　　26. 寫眞(　　)

※ 다음 漢字의 訓과 音을 쓰시오.

27. 味(　　)　　28. 衆(　　)
29. 合(　　)　　30. 災(　　)
31. 細(　　)　　32. 貧(　　)
33. 暗(　　)　　34. 工(　　)
35. 旅(　　)　　36. 冷(　　)
37. 島(　　)　　38. 支(　　)
39. 除(　　)　　40. 改(　　)
41. 同(　　)　　42. 鐵(　　)
43. 郡(　　)　　44. 留(　　)
45. 血(　　)　　46. 漁(　　)
47. 假(　　)　　48. 走(　　)
49. 操(　　)

※ 다음 밑줄 친 漢字語를 漢字로 쓰시오.

▷ 동창(50)이 밝았느냐 노고지리 우지진다.
　　　　　　　　　　…………… 50. (　　　)

▷ 주위와 조화(51)를 이룬 건조물
　　　　　　　　　　…………… 51. (　　　)

▷ 오늘 오후, 등번호 오번(52)이 달린 새
　　　　　　　　　　…………… 52. (　　　)

▷ 운동복(53)을 갈아입고 축구 연습을 했다.
　　　　　　　　　　…………… 53. (　　　)

▷ 자연은 우리가 친근감(54)과 흥미를 가지고
　연구해 볼 만한 대상이다.
　　　　　　　　　　…………… 54. (　　　)

▷ 추석(55)에 차례를 올리는 것은 후손(56)의
　당연한 도리다.
　　55. (　　　)　　56. (　　　)

▷ 바다를 개발(57)하면 미래의 중요(58)한 식량
　자원을 얻을 것이다.
　　57. (　　　)　　58. (　　　)

▷ 본인 자신(59)이 실력자로 인정받지 못하면
　등용(60) 되지 못한다.
　　59. (　　　)　　60. (　　　)

▷ 하루 일과(61)를 마치고 반성할 때면 늘 후회
　한다. …………… 61. (　　　)

※ 다음 글을 읽고 물음에 답하시오.

현대 사회를 지탱하는 힘은 여론이다. 따라서 현대 한국 사회의 포청천은 따지는 말을 할 줄 아는 사람이다. 침묵이 금이라는 격언도 있지만 이런 격언(71)은 부조리한 현실에 대해 잘잘못을 따지며 용기(72) 있게 대항한 이들이 받은 박해를 보고 피해의식(73)에 젖어 만들어진 것일 뿐이다. 역사를 그르친 인물(75)들이 맨 먼저 했던 일이 언론의 봉쇄였던 사실에서 우리는 교훈을 얻을 수 있는 것이다. 다음으로 현대 한국 사회의 포청천은 따지는 말을 하되 옳고 그름을 분명히 하는 사람이다. 圓滿(62)하다든지 無難(63)하다든지 하는 미덕 때문에 역사를 그르친 사람들의 그른 行爲(64)가 적당히 넘어가 是非(65) 불감증의 폐해가 만연되고 있는 잘못된 현실에서 역시 교훈을 얻을 수 있는 것이다. 그리고 현대 한국 사회의 포청천은 도덕(75)과 인륜을 갖추어야 하고 상식에 맞는 사람이다. 겨레에게 잘못을 했으면 반성(76)해야 하고 자숙해야 하는 것이 도덕이고 인륜이고 상식인데 역사를 그르친 사람들의 도덕과 인륜과 상식은 우리들의 그것과 달라도 한참 다름을 우리는 그들의 過去(66)나 언행을 통해서 수없이 보아왔다. 세상을 놀라게 했거나 많은 사람들의 공통(77)된 분노를 자아냈던 역사적 事件(67)의 주인공들이 일정(78) 期間(68)이 지나면 모든 권력에 의해 박해 받은 사람이거나 여론에 의해 피해 당한 사람으로 둔갑하여 억울함을 호소하는 데에서 교훈을 찾을 수 있을 것이다. 아울러 현대 한국의 포청천은 겨레를 항상 생각하는 사람이다. 과거의 포청천이 權門(69)세가 심지어 황족 중의 범법자를 가차 없이 처단함으로써 일반 사람들에게 포대제로 불리며 신뢰를 받았던 사실은 그의 애민 精神(70)을 말해주는 것이다. 과거의 포청천도 그러했거늘 하물며 현대의 포청천에 있어 서랴, 역사를 그르친 사람들이 겨레에 대해서 어떻게 잔혹한 행위를 했는가는 4.19와 5.18의 역사적 사실에서 교훈을 찾을 수 있을 것이다.

※ 윗글에서 밑줄 친 62~70의 漢字語에 讀音을 쓰시오.

62. 圓滿(   ) 63. 無難(   )
64. 行爲(   ) 65. 是非(   )
66. 過去(   ) 67. 事件(   )
68. 期間(   ) 69. 權門(   )
70. 精神(   )

※ 윗글에서 밑줄 친 71~78의 漢字語를 漢字로 쓰시오.

71. 격언(   ) 72. 용기(   )
73. 의식(   ) 74. 인물(   )
75. 도덕(   ) 76. 반성(   )
77. 공통(   ) 78. 일정(   )

※ 다음 (   )속에 알맞은 漢字를 쓰시오.

79. 起(   )回生
 : 죽을 뻔 하다가 다시 살아남.

80. 至誠(   )天
 : 정성이 지극하면 하늘도 감동함.

81. 公明(   )大
 : 하는 일이나 행동에 사사로움이 없이 떳떳하고 바름.

82. (   )學相長
 : 가르치고 배우는 과정을 통하여 서로 성장함.

83. 文房四(   )
 : 종이・붓・먹・벼루의 네 가지 문방구.

※ 다음 漢字와 소리는 같으나 뜻이 다른 漢字語가 되게 漢字를 쓰시오.

84. 高級: 급하게 알림 ……… (   )
85. 畫科: 꽃과 과일 ………… (   )
86. 戰力: 현재의 이르기까지의 행적 (   )

※ 다음 漢字와 뜻이 반대 또는 상대되는 漢字를 (   )에 넣어 漢字語를 만드시오.

87. 虛(   ) 88. (   )逆 89. 善(   )

※ 다음 漢字와 같은 뜻의 漢字를 (   )에 넣어 漢字語를 만드시오.

90. 增(   ) 91. 兒(   ) 92. 處(   )

※ 다음 漢字의 略字(약자)를 쓰시오.

93. 醫(   ) 94. 來(   ) 95. 數(   )

※ 다음 漢字의 部首를 쓰시오.

96. 百(   ) 97. 義(   ) 98. 天(   )

※ 다음 漢字語의 뜻을 쓰시오.

99. 害蟲 : (   )
100. 師弟 : (   )

第7回 漢字能力檢定試驗　　4級 II

(시험시간 : 50분)

※다음 漢字語의 讀音을 쓰시오.
1. 答訪(　　　) 2. 必敗(　　　)
3. 個別(　　　) 4. 隊長(　　　)
5. 帶同(　　　) 6. 畫報(　　　)
7. 洞里(　　　) 8. 獨立(　　　)
9. 談話(　　　) 10. 義務(　　　)
11. 勇將(　　　) 12. 單身(　　　)
13. 農家(　　　) 14. 都邑(　　　)
15. 先導(　　　) 16. 對決(　　　)
17. 難破(　　　) 18. 六月(　　　)
19. 密約(　　　) 20. 街頭(　　　)
21. 動員(　　　) 22. 端午(　　　)
23. 冬期(　　　) 24. 講堂(　　　)
25. 強壓(　　　) 26. 開放(　　　)
27. 改築(　　　)

※다음 漢字의 訓과 音을 쓰시오.
28. 非(　　　) 29. 寺(　　　)
30. 早(　　　) 31. 奉(　　　)
32. 鄕(　　　) 33. 航(　　　)
34. 監(　　　) 35. 潔(　　　)
36. 滿(　　　) 37. 麗(　　　)
38. 脈(　　　) 39. 伐(　　　)
40. 博(　　　) 41. 步(　　　)
42. 慶(　　　) 43. 減(　　　)
44. 句(　　　) 45. 宮(　　　)
46. 起(　　　) 47. 志(　　　)
48. 暖(　　　) 49. 蟲(　　　)

※다음의 밑줄 친 漢字語를 漢字로 쓰시오.
50. 기차가 도착할 시간입니다.
　　　　…………………(　　　　　)
51. 자동차는 속도가 빠릅니다.
　　　　…………………(　　　　　)
52. 철수는 학교를 수석으로 졸업했습니다.
　　　　…………………(　　　　　)
53. 공부를 열심히 한 효과가 나타났습니다.
　　　　…………………(　　　　　)
54. 매표창구 앞에 많은 사람이 늘어서 있습니다.
　　　　…………………(　　　　　)

※다음 漢字와 뜻이 반대 또는 상대되는 漢字를 (　)에 넣어 漢字語를 만드시오.
55. 東 - (　　　) 56. 苦 - (　　　)
57. (　　　) - 後

※다음 漢字와 같은 뜻의 漢字를 (　)에 넣어 漢字語를 만드시오.
58. 虛 - (　　　) 59. (　　　) - 地
60. (　　　) - 語

※다음 한자어와 讀音은 같으나 뜻이 다른 漢字語의 漢字를 쓰시오.
61. 公課 - 공학에 관한 학과 (　　　　)
62. 官展 - 싸우는 광경을 직접 살펴봄.
　　　　　　　　　　(　　　　　)
63. 四神 - 임금이나 국가의 명령으로 외국에 심부름을 가는 신하(　　　　)

※다음 글을 읽고 답하시오.

　고유어 용어는 국어사랑 의식(72)을 반영하였다는 점에서 내심(73)이야 어떻든 적어도 외면(74)적으로는 대부분(75) 사람들에게서 긍정적인 평가를 받을 수 있는 이점이 있다. 그러나 위에서 언급한 예들과 같이 지금까지 提案(64)된 고유어 용어들 중에는 어휘의 의미 영역과 문법적 특성(76), 국어의식 등을 고려하지 않은 무리한 조어들이 적지 않았다. 그러한 용어들은 당연(77)히 사용자의 呼應(65)을 받을 수 없었고, 결국(78) 소멸되었다. 한자를 배우지 않은 세대(79)에는 고유어 용어들이 더 친숙하고 개념 傳達(66)에 유리(80)하다는 주장은 아직 설득력이 없는 듯하다. 다만 한자어나 외래어가 정착되기 전에 사용 빈도가 至極(67)히 낮은 한자를 대치하여 성공(81)한 경우는 있다. 한자어 용어들은 우리 민족(82)이 오랫동안 익숙하게 접해오고 대다수(83) 용어가 2~4음절로 구성되었고, (예: 元素(68), 수력) 전통적으로 한자를 표기(84) 수단으로 사용하여 온 나라간에 한자 용어를 統一(69)할 수 있는 이점이 있다. 즉 문자에 의한 情報(70)의 교환이 용이한 것은 엄연한 사실(85)이다. 그런데도 아직도 한자어를 배척해야 할 중국어 혹은 외래어라고 잘못 생각하고, 그렇기 때문에 한자어 용어를 기피해야 한다는 일반 국민 의식으로 남아있고, 또 현재(86) 50세 이하 세대가 한자를 習得(71)하지 않아서 한자용어가 불리할 수 있다.

　宋基中(2002),「용어의 생성과 용어의 제정」『한국학술 용어: 문제점과 방안』한국 학술단체 연합회, pp.10~12.

※윗글에서 밑줄 친 (64~71)의 漢字語에 讀音을 쓰시오.

64. 提案(　　　) 65. 呼應(　　　)
66. 傳達(　　　) 67. 至極(　　　)
68. 元素(　　　) 69. 統一(　　　)
70. 情報(　　　) 71. 習得(　　　)

※윗글에서 밑줄 친 (72~86)의 漢字語를 漢字로 쓰시오.

72. 의식(　　　) 73. 내심(　　　)
74. 외면(　　　) 75. 부분(　　　)
76. 특성(　　　) 77. 당연(　　　)
78. 결국(　　　) 79. 세대(　　　)
80. 유리(　　　) 81. 성공(　　　)
82. 민족(　　　) 83. 다수(　　　)
84. 표기(　　　) 85. 사실(　　　)
86. 현재(　　　)

※다음 한자어의 (　　)속에 알맞은 한자를 쓰시오.

87. 不問可(　　　): 묻지 않아도 알 수 있음.
88. 百(　　)百中: 백 번 쏘아 백 번 맞음.
89. 百(　　)河淸: 아무리 오래 되어도 사물이 이루어지기 어렵다.
90. 八方(　　)人: 누구에게나 두루 곱게 보이도록 처세하는 사람.
91. 燈下不(　　　): 등잔 밑이 어둡다는 뜻으로 가까이 있는 것이 도리어 알아내기 어렵다.

※다음 漢字의 略字(약자)를 쓰시오.

92. 獨 - (　　　) 93. 禮 - (　　　)
94. 團 - (　　　)

※다음 漢字의 부수를 쓰시오.

95. 勝 - (　　　) 96. 左 - (　　　)
97. 基 - (　　　)

※다음 漢字語의 뜻을 쓰시오.

98. 求仕 : (　　　　　　)
99. 短命 : (　　　　　　)
100. 過失 : (　　　　　　)

검토하고 제출하십시오. 100점 만점에 70점 이상 합격

第8回 漢字能力檢定試驗 4級 II

(시험시간 : 50분)

※다음 漢字語의 讀音을 쓰시오.

1. 築城(　　　)　2. 講讀(　　　)
3. 聖賢(　　　)　4. 創造(　　　)
5. 純潔(　　　)　6. 配給(　　　)
7. 案件(　　　)　8. 感氣(　　　)
9. 廣場(　　　)　10. 園藝(　　　)
11. 團束(　　　)　12. 禁止(　　　)
13. 假說(　　　)　14. 希望(　　　)
15. 師弟(　　　)　16. 吸收(　　　)
17. 筆談(　　　)　18. 奉養(　　　)
19. 快速(　　　)　20. 參戰(　　　)
21. 擔任(　　　)　22. 缺禮(　　　)
23. 寶貨(　　　)　24. 操業(　　　)
25. 衛星(　　　)　26. 備考(　　　)
27. 密約(　　　)　28. 落選(　　　)
29. 端末(　　　)　30. 溫暖(　　　)
31. 警察(　　　)　32. 畫報(　　　)
33. 敗將(　　　)　34. 航進(　　　)
35. 意圖(　　　)

※다음 漢字의 訓과 音을 쓰시오.

36. 陰(　　　)　37. 指(　　　)
38. 蓄(　　　)　39. 測(　　　)
40. 統(　　　)　41. 波(　　　)
42. 容(　　　)　43. 移(　　　)
44. 製(　　　)　45. 街(　　　)
46. 個(　　　)　47. 得(　　　)
48. 連(　　　)　49. 解(　　　)
50. 鄕(　　　)　51. 餘(　　　)
52. 務(　　　)　53. 防(　　　)
54. 拜(　　　)　55. 細(　　　)
56. 送(　　　)　57. 息(　　　)

※다음의 밑줄 친 漢字語를 漢字로 쓰시오.

58. 삼촌은 약국을 경영한다.
　　　　　　…………(　　　　　)

59. 이순신은 위대한 인물이다.
　　　　　…………(　　　　　)

60. 일석이조의 효과를 거두다.
　　　　　　…………(　　　　　)

61. 생산하는 품질이 우수하다.
　　　　　　…………(　　　　　)

62. 그는 운동선수로 활동하고 있다.
　　　　　　　　…………(　　　　　)

63. 작년에는 월드컵 경기가 있었다.
　　…………(　　　　　)

64. 노사 갈등은 대화로 풀어야 한다.
　　　　　　　…………(　　　　　)

65. 운동선수들이 합숙 훈련을 받는다.
　　　　　　…………(　　　　　)

※다음 漢字와 뜻이 반대 또는 상대되는
　漢字를 (　)에 넣어 漢字語를 만드시오.

66. 强(　　)　67. 問(　　)　68. 長(　　)

※다음 漢字와 같은 뜻의 漢字를 (　)에
　넣어 漢字語를 만드시오.

69. 兵(　　)　70. (　　)體　71. 生(　　)

※ 다음 글을 읽고 물음에 답하시오.

　한자가 중국의 표기(72) 수단으로 만들어졌다고는 하지만 그것이 우리에게 흘러 들어서 사용(73)된 지 이천년 이상(74)의 시간(75)이 흘렀다는 계산(76)이 된다. 처음 한자를 받아들일 때는 한문을 만드는 성분(77)이었을 뿐이지만, 이제는 한문이 아닌 한자어를 표기하는 수단으로서 중요(78)한 의미를 가지게 되었다. 한자어는 그 기원이 중국에 있거나 아니면 우리들이 만들었거나를 막론하고 이제는 필수불가결의 한국어의 어휘 항목들이다. 그들은 극히 자연스럽게 쓰이고 있으며 조금도 외국어라는 의식 없이 한국어 고유의 사용 규칙에 맞게 사용되고 있다. 오히려 고대 중국어에서 직접 차용된 것으로 밝혀진 어사일수록 전문가가 아닌 일반 국민들에게는 고유어로 인식되고 잇는 실정(79)이다. 말하자면 한자어는 분량으로나 질로나 한국어 어휘의 중요한 성분 내지 자료이면서 우리 문화에 동화된 우리의 것이다. 발음도 용법도 중국어에서의 그것과 다르다. 이제 와서 한자, 한자어를 남의 것이라고 해서 배척하는 일은 잘못된 것이다.
　뿐만 아니라 한자는 동양문화권이 공통(80)으로 가지고 있는 자산이며 한자로 표기된 한자어는 말하자면 동양(81)의 국제어다. 한자로 표기된 내용은 이른바 동양의 한자 문화권에 속하는 사람들 사이에서 쉽게 이해될 수 있어서 의사소통에 아주 편리(82)하다. 언어란 음성으로 실체화 되거나 문자로 실체화되거나를 막론하고 표현, 전달과 이해에 의한 의사소통을 위한 수단 도구(83)이므로 그런 점에서 뛰어난 기능을 발휘하는 한자는 계속 사용되어야 한다.

(이용주, 국어교육의 반성과 개혁, 서울대 출반부, 1999,PP.249-250)

※ 윗글에서 밑줄 친 (72~83)의 漢字語를 한자로 쓰시오.

72. 표기(　　　　) 73. 사용(　　　　)

74. 이상(　　　　) 75. 시간(　　　　)

76. 계산(　　　　) 77. 성분(　　　　)

78. 중요(　　　　) 79. 실정(　　　　)

80. 공통(　　　　) 81. 동양(　　　　)

82. 편리(　　　　) 83. 도구(　　　　)

※ 다음 한자어의 (　)속에 알맞은 한자를 쓰시오.

84. (　　　　)代未聞

　: 지금까지 들어본 적이 없음.

85. 見(　　　　)生心

　: 실물을 보고 욕심이 생김.

86. 士(　　　　)工商

　: 선비·농부·장인·상인의 네 가지 신분.

87. (　　　　)天愛人

　: 하늘을 공경하고 사람을 사랑함.

88. 白(　　　　)書生

　: 글만 읽고 세상일에 경험이 없는 사람.

※ 다음 한자어와 讀音은 같으나 뜻이 다른 漢字語의 漢字를 쓰시오.

89. 古代 : 몹시 기다림 ……… (　　　　)

90. 小火 : 먹은 음식을 삭임 … (　　　　)

91. 思考 : 인생의 네 가지 고통 (　　　　)

※ 다음 漢字의 略字(약자)를 쓰시오.

92. 觀 - (　　　　) 93. 樂 - (　　　　)

94. 惡 - (　　　　)

※ 다음 漢字의 부수를 쓰시오.

95. 事 - (　　　　) 96. 頭 - (　　　　)

97. 訪 - (　　　　)

※ 다음 漢字語의 뜻을 쓰시오.

98. 開花 : (　　　　)

99. 深海 : (　　　　)

100. 植樹 : (　　　　)

☐ 합격을 기원합니다 ☐

4급 Ⅱ 제 1 회

#	문제	#	문제
1	난해	51	검을 흑
2	수신	52	무거울 중
3	협조	53	구름 운
4	조작	54	밭 전
5	내환	55	눈 안
6	방안	56	종이 지
7	제전	57	겨울 동
8	성화	58	油價
9	혈세	59	軍事
10	수해	60	友情
11	강조	61	練習
12	자인	62	人類
13	청결	63	和合
14	친절	64	交流
15	전쟁	65	同時
16	사선	66	空中
17	등원	67	童心
18	악재	68	知識
19	감원	69	休校
20	공방	70	野望
21	경제	71	開發
22	인수	72	週間
23	착륙	73	敎育
24	기립	74	入學
25	담화	75	反旗
26	결선	76	市場
27	정신	77	始祖
28	건설	78	山
29	용기	79	勞
30	패배	80	朝
31	도달	81	過失
32	소식	82	外形
33	소제	83	旅客
34	충치	84	战(戰)
35	공덕	85	広
36	소 우	86	対
37	바를 정	87	術
38	이제 금	88	福
39	거짓 가	89	變
40	어미 모	90	工
41	공 구	91	行
42	얼음 빙	92	以
43	시골 향	93	苦
44	처음 초	94	前
45	고을 읍	95	①
46	대 죽	96	②
47	글 서	97	①
48	들을 문	98	짧은 목숨
49	밤 야	99	한국을 찾다
50	같을 여	100	가장 오래됨

4급 Ⅱ 제 2 회

#	문제	#	문제
1	의보	51	새 조
2	통제	52	뒤 후
3	책임	53	흐를 류
4	영공	54	오를 등
5	선정	55	머무를 정
6	전쟁	56	생각 사
7	회송	57	쓸 고
8	백화	58	목숨 명
9	이익	59	지킬 수
10	전시	60	소 우
11	개정	61	설 립
12	차관	62	아이 동
13	대결	63	높을 탁
14	공비	64	달릴 주
15	해충	65	기를 육
16	초기	66	배 선
17	기자	67	등 배
18	정적	68	和合
19	노동	69	敎習
20	과외	70	入住
21	감산	71	出席
22	심해	72	發電
23	풍경	73	同族
24	목록	74	廣告
25	가신	75	商品
26	시월	76	自筆
27	부당	77	兄弟
28	의원	78	本/始
29	비상	79	勝/成
30	정보	80	果
31	호가	81	文才
32	온실	82	一金
33	약속	83	千年
34	강청	84	区
35	소원	85	学
36	世界	86	号
37	順理	87	樹
38	時間	88	過
39	幸福	89	法
40	人類史	90	口
41	物質的	91	父
42	內面	92	事
43	使用	93	功
44	知識	94	古
45	作業	95	②
46	일곱 칠	96	③
47	군을 고	97	①
48	콩 두	98	이른 아침
49	절 사	99	산과 들
50	구름 운	100	손을 들다

4급 Ⅱ 제 3 회

#	문제	#	문제
1	敎養	51	自宅
2	方法	52	海上
3	西洋	53	重病
4	人格	54	多才
5	集中	55	朝夕
6	發展	56	칠 타
7	産業	57	입 구
8	始作	58	마디 촌
9	現實	59	높을 고
10	知識	60	보일 시
11	結果	61	별 성
12	種類	62	내 천
13	形成	63	어두울 암
14	場所	64	집 가
15	習得	65	살 활
16	觀察	66	눈 안
17	제도	67	어제 작
18	연구	68	아래 하
19	임무	69	마실 음
20	기술	70	집 사
21	응용	71	머리 두
22	물건	72	한가지 동
23	소화	73	문 문
24	개성적	74	이제 금
25	통계	75	줄 수
26	협상	76	물고기 어
27	낙승	77	선비 사
28	복원	78	孫
29	비리	79	功
30	기차	80	溫
31	역풍	81	友軍
32	퇴직	82	失身/失信
33	고고	83	日日
34	미문	84	関
35	명당	85	旧
36	독약	86	変
37	대상	87	望
38	부부	88	話
39	방문	89	具
40	정부	90	死
41	구명	91	害
42	최빈	92	强
43	저공	93	學
44	사원	94	流
45	공조	95	①
46	외압	96	④
47	표결	97	①
48	난민	98	나무를 심다
49	경기	99	마음을 놓다
50	休戰	100	빠른 걸음

4급 Ⅱ 제 4 회

#	문제	#	문제
1	청산	51	樹林
2	군대	52	分別
3	친서	53	團束
4	조선	54	食飮
5	증감	55	溫情
6	유해	56	流水
7	사과	57	養育
8	용기	58	童心/動心
9	애착	59	事後
10	빙하	60	時空
11	정부	61	관계
12	군수	62	가정
13	개체	63	완전
14	원료	64	결국
15	인도	65	정지
16	극락	66	관찰
17	실사	67	의논
18	건보	68	이해
19	산재	69	존대
20	남아	70	会
21	급속	71	伝
22	위성	72	万
23	구호	73	生活
24	원양	74	重要
25	효과	75	道具
26	통계	76	形成
27	찾을 방	77	發展
28	들 야	78	世界
29	값 가	79	人類
30	마실 흡	80	電話
31	가을 추	81	基本
32	쓸 고	82	注意
33	재주 기	83	使用
34	모을 집	84	表現
35	도울 조	85	失
36	그릇 기	86	京
37	발 족	87	陽
38	머리 두	88	歲
39	살 매	89	知
40	배 항	90	始
41	쌓을 저	91	美
42	고기잡을 어	92	目
43	어제 작	93	聞
44	쓸 소	94	友
45	맡길 임	95	明
46	슬플 비	96	宀
47	문 문	97	力
48	옮길 이	98	巾
49	正當	99	학교건물
50	病弱	100	놓아내다

4급 II 제 5 회

#	문제	#	문제
1	녹음	51	商術
2	만선	52	廣角
3	접근	53	病席
4	시선	54	風向
5	시도	55	軍服
6	철도	56	公園
7	수신	57	速度
8	표정	58	成功
9	비리	59	中世
10	낙마	60	運行
11	진보	61	觀念
12	감원	62	시기
13	준비	63	광복
14	약지	64	정치
15	독창	65	권리
16	호흡	66	최대
17	지극	67	경험
18	거동	68	확인
19	엽서	69	발상
20	침해	70	정초
21	지장	71	必要
22	배치	72	場所
23	취재	73	天命
24	국한	74	千年
25	고결	75	美德
26	존경	76	歷史的
27	낮 오	77	當代
28	옮길 이	78	事例
29	편안 강	79	筆頭
30	화할 협	80	名節
31	참 진	81	直
32	구리 동	82	凶
33	깨우칠경	83	民
34	일어날기	84	家
35	잡을 조	85	朗
36	이를 조	86	到/通
37	싸움 전	87	草
38	잘 숙	88	親
39	버금 부	89	決
40	놓을 방	90	事
41	몸 기	91	空
42	기다릴대	92	匕
43	사례할사	93	二
44	쌀 미	94	宀
45	가늘 세	95	깊은 밤
46	눈 안	96	좋은 느낌
47	내 천	97	둘째 아들
48	벌레 충	98	價
49	開始	99	體
50	急流	100	国

4급 II 제 6 회

#	문제	#	문제
1	시설	51	調和
2	단속	52	五番
3	이적	53	運動服
4	병상	54	親近感
5	비보	55	秋夕
6	배금	56	後孫
7	상선	57	開發
8	배경	58	重要
9	각도	59	自身
10	변경	60	登用
11	온난	61	日課
12	참고	62	원만
13	항로	63	무난
14	상록	64	행위
15	경관	65	시비
16	예술	66	과거
17	흡수	67	사건
18	산실	68	기간
19	담보	69	권문
20	관망	70	정신
21	대접	71	格言
22	건강	72	勇氣
23	은혜	73	意識
24	풍성	74	人物
25	방치	75	道德
26	사진	76	反省
27	맛 미	77	共通
28	무리 중	78	一定
29	합할 합	79	死
30	재앙 재	80	感
31	가늘 세	81	正
32	가냘할빈	82	敎
33	어두울암	83	友
34	장인 공	84	告急
35	나그네려	85	花果
36	찰 랭	86	前歷
37	섬 도	87	實
38	지탱할지	88	順
39	덜 제	89	惡
40	고칠 개	90	加
41	한가지동	91	童
42	쇠 철	92	所
43	고을 군	93	医
44	머무를류	94	来
45	피 혈	95	数
46	고기잡을어	96	白
47	거짓 가	97	羊
48	달릴 주	98	大
49	잡을 조	99	해로운 벌레
50	東窓	100	스승과 제자

4급 II 제 7 회

#	문제	#	문제
1	답방	51	速度
2	필패	52	首席
3	개별	53	效果
4	대장	54	窓口
5	대동	55	西
6	화보	56	樂
7	동리	57	前/先
8	독립	58	空
9	담화	59	土
10	의무	60	言
11	용장	61	工科
12	단신	62	觀戰
13	농가	63	使臣
14	도음	64	제안
15	선도	65	호응
16	대결	66	전달
17	난파	67	지극
18	유월	68	원소
19	밀약	69	통일
20	가두	70	정보
21	동원	71	습득
22	단오	72	意識
23	동기	73	內心
24	강당	74	外面
25	강압	75	部分
26	개방	76	特性
27	개축	77	當然
28	아닐 비	78	結局
29	절 사	79	世代
30	이를 조	80	有利
31	받들 봉	81	成功
32	시골 향	82	民族
33	배 항	83	多數
34	볼 감	84	表記
35	깨끗할결	85	事實
36	찰 만	86	現在
37	고울 려	87	知
38	줄기 맥	88	發
39	칠 벌	89	年
40	넓을 박	90	美
41	걸음 보	91	明
42	경사 경	92	独
43	덜 감	93	礼
44	글귀 구	94	団
45	집 궁	95	力
46	일어날기	96	工
47	뜻 지	97	土
48	따뜻할난	98	벼슬을 구함
49	벌레 충	99	짧은 목숨
50	到着	100	잘못

4급 II 제 8 회

#	문제	#	문제
1	축성	51	남을 여
2	강독	52	힘쓸 무
3	성현	53	막을 방
4	창조	54	절 배
5	순결	55	가늘 세
6	배급	56	보낼 송
7	안건	57	쉴 식
8	감기	58	藥局
9	광장	59	偉大
10	원예	60	效果
11	단속	61	品質
12	금지	62	活動
13	가설	63	昨年
14	희망	64	對話
15	사제	65	合宿
16	흡수	66	弱
17	필담	67	答
18	봉양	68	短
19	쾌속	69	卒
20	참전	70	身
21	담임	71	活/産
22	결례	72	表記
23	보화	73	使用
24	조업	74	以上
25	위성	75	時間
26	비고	76	計算
27	밀약	77	成分
28	낙선	78	重要
29	단말	79	實情
30	온난	80	共通
31	경찰	81	東洋
32	화보	82	便利
33	패장	83	道具
34	항진	84	前
35	의도	85	物
36	그늘 음	86	農
37	가리킬지	87	敬
38	모을 축	88	面
39	헤아릴측	89	苦待
40	거느릴통	90	消化
41	물결 파	91	四苦
42	얼굴 용	92	觀
43	옮길 이	93	樂
44	지을 제	94	惡
45	거리 가	95	亅
46	낱 개	96	頁
47	얻을 득	97	言
48	이을 련	98	꽃이 핌
49	풀 해	99	깊은 바다
50	시골 향	100	나무를 심다

96쪽	一	二	三	四	五	六	七
독음테스트 正答 ···········	가두 가설 가신 가요 각도 감독 감사 감원 강독 강압 강조 개방 개별 개축 거동 건강	건설 결례 결정 경과 경관 경기 경기 경제 고고 고관 고국 고찰 선호 공비 공조 과외	관계 관찰 광장 교류 교양 구명 구직 국한 군수 금연 급류 기립 기사 기자 기차 낙선 낙승 난파	내륙 노동 녹음 논쟁 농협 단독 단속 단신 단오 담임 담화 당락 대결 대결 대동 대장 대접 댁내	도달 도읍 독약 독창 동기 동창 등급 등원 만선 명당 목록 무적 문화 미문 민요 밀약 박애 반성	방송 방안 방음 방한 배경 배급 배금 배치 백화 변경 병상 보호 보화 복원 봉사 부당 부부 부흥	분절 비고 비보 비정 빈부 사선 사원 사제 사진 사찰 삼억 상록 상선 상식 상장 상태 선거 선도
	八	九	十	十一	十二	十三	十四
	선악 성현 소설 소식 소원 수제 수신 순결 습득 시도 시선 시설 신고 심해 시월 악재 안건 안과	압력 야당 약국 약속 약지 업무 여행 역풍 연구 연타 열기 엽서 영공 영웅 예술 온난 외압 요금	용어 용장 운동 원시 원예 위성 위치 유능 유월 은사 은혜 의도 의무 의보 의원 이적 인수 인정	입법 재산 저공 저축 적자 전관 전달 전시 전쟁 정보 정부 정신 제의 제전 조업 조작 존경 종말	주택 준비 중부 증감 지극 지장 진보 차관 착륙 참고 참전 창조 철도 청결 초기 촌지 총선 최고	축성 충성 충치 취재 치국 친절 침해 쾌속 타향 탁구 태도 택지 통제 통화 퇴직 패장 표정 풍성	필담 필요 한계 항로 해답 해충 허가 현장 혈세 협조 호가 화보 화제 환자 회송 흡수 흥미 희망

(8級~4級Ⅱ 750字) ▶ 자음색인 ◀ ※가나다순

ㄱ

價 값 가 5Ⅱ[人]
街 거리 가 4Ⅱ[行]
假 거짓 가 4Ⅱ[人]
可 옳을 가 5급[口]
歌 노래 가 7급[欠]
加 더할 가 5급[力]
家 집 가 7Ⅱ[宀]
各 각각 각 6Ⅱ[口]
角 뿔 각 6Ⅱ[角]
間 사이 간 7Ⅱ[門]
感 느낄 감 6급[心]
減 덜 감 4Ⅱ[水]
監 볼 감 4Ⅱ[皿]
江 강 강 7Ⅱ[水]
強 강할 강 6급[弓]
講 욀 강 4Ⅱ[言]
康 편안 강 4Ⅱ[广]
改 고칠 개 5급[攴]
個 낱 개 4Ⅱ[人]
開 열 개 6급[門]
客 손 객 5Ⅱ[宀]
去 갈 거 5급[厶]
擧 들 거 5급[手]
車 수레차(거) 7Ⅱ[車]
建 세울 건 5급[廴]
健 굳셀 건 5급[人]
件 물건 건 5급[人]
檢 검사할검 4Ⅱ[木]
格 격식 격 5Ⅱ[木]
見 볼 견 5Ⅱ[見]
　 뵈올 현
潔 깨끗할결 4Ⅱ[水]
結 맺을 결 5Ⅱ[糸]
決 결단할결 5Ⅱ[水]
缺 이지러질결 4Ⅱ[缶]
輕 가벼울경 5급[車]
經 지날 경 4Ⅱ[糸]

敬 공경 경 5Ⅱ[攴]
警 깨우칠경 4Ⅱ[言]
競 다툴 경 5급[立]
境 지경 경 4Ⅱ[土]
慶 경사 경 4Ⅱ[心]
景 볕 경 5급[日]
京 서울 경 6급[亠]
係 맬 계 4Ⅱ[人]
計 셀 계 6Ⅱ[言]
界 지경 계 6Ⅱ[田]
告 고할 고 5Ⅱ[口]
高 높을 고 6Ⅱ[高]
古 예 고 6급[口]
苦 쓸 고 6급[艹]
故 연고 고 4Ⅱ[攴]
固 굳을 고 5급[口]
考 생각할고 5급[耂]
曲 굽을 곡 5급[曰]
工 장인 공 7Ⅱ[工]
功 공 공 6Ⅱ[力]
空 빌 공 7Ⅱ[穴]
公 공평할공 6Ⅱ[八]
共 한가지공 6Ⅱ[八]
科 과목 과 6Ⅱ[禾]
過 지날 과 5Ⅱ[辶]
果 실과 과 6Ⅱ[木]
課 공부할과 5Ⅱ[言]
關 관계할관 5Ⅱ[門]
官 벼슬 관 4Ⅱ[宀]
觀 볼 관 5Ⅱ[見]
廣 넓을 광 5Ⅱ[广]
光 빛 광 6Ⅱ[儿]
敎 가르칠교 8급[攴]
橋 다리 교 5급[木]
交 사귈 교 6급[亠]
校 학교 교 8급[木]
具 갖출 구 5Ⅱ[八]
求 구할 구 4Ⅱ[水]
球 공 구 6Ⅱ[玉]

救 구원할구 5급[攴]
區 구분할구 6급[匚]
句 글귀 구 4Ⅱ[口]
九 아홉 구 8급[乙]
究 연구할구 4Ⅱ[穴]
舊 예 구 5Ⅱ[臼]
口 입 구 7급[口]
國 나라 국 8급[口]
局 판 국 5Ⅱ[尸]
郡 고을 군 6급[邑]
軍 군사 군 8급[車]
宮 집 궁 4Ⅱ[宀]
權 권세 권 4Ⅱ[木]
貴 귀할 귀 5급[貝]
規 법 규 5급[見]
極 극진할극 4Ⅱ[木]
近 가까울근 6급[辶]
根 뿌리 근 6급[木]
今 이제 금 6Ⅱ[人]
禁 금할 금 4Ⅱ[示]
金 쇠 금 8급[金]
　 성 김
級 등급 급 6급[糸]
給 줄 급 5급[糸]
急 급할 급 6Ⅱ[心]
旗 기 기 7급[方]
期 기약할기 5급[月]
基 터 기 5Ⅱ[土]
器 그릇 기 4Ⅱ[口]
氣 기운 기 7Ⅱ[气]
己 몸 기 5Ⅱ[己]
記 기록할기 7Ⅱ[言]
起 일어날기 4Ⅱ[走]
汽 물끓는김기 5급[水]
技 재주 기 5급[手]
吉 길할 길 5급[口]

ㄴ

暖 따뜻할난 4Ⅱ[日]

難 어려울난 4Ⅱ[隹]
南 남녘 남 8급[十]
男 사내 남 7Ⅱ[田]
內 안 내 7Ⅱ[入]
女 계집 녀 8급[女]
年 해 년 8급[干]
念 생각 념 5Ⅱ[心]
怒 성낼 노 4Ⅱ[心]
努 힘쓸 노 4Ⅱ[力]
農 농사 농 7Ⅱ[辰]
能 능할 능 5Ⅱ[肉]

ㄷ

多 많을 다 6급[夕]
斷 끊을 단 4Ⅱ[斤]
端 끝 단 4Ⅱ[立]
壇 단 단 5급[土]
檀 박달나무단 4Ⅱ[木]
團 둥글 단 5Ⅱ[囗]
短 짧을 단 6Ⅱ[矢]
單 홑 단 4Ⅱ[口]
達 통달할달 4Ⅱ[辶]
談 말씀 담 5급[言]
擔 멜 담 4Ⅱ[手]
答 대답 답 7Ⅱ[竹]
當 마땅 당 5Ⅱ[田]
堂 집 당 6Ⅱ[土]
黨 무리 당 4Ⅱ[黑]
待 기다릴대 6급[彳]
代 대신 대 6Ⅱ[人]
對 대할 대 6Ⅱ[寸]
帶 띠 대 4Ⅱ[巾]
隊 무리 대 4Ⅱ[阜]
大 큰 대 8급[大]
德 큰 덕 5Ⅱ[彳]
度 법도 도 6급[广]
　 헤아릴탁
圖 그림 도 6Ⅱ[囗]
道 길 도 7Ⅱ[辶]

導 인도할도 4Ⅱ[寸]	練 익힐 련 5Ⅱ[糸]	命 목숨 명 7급[口]	伐 칠 벌 4Ⅱ[人]
到 이를 도 5Ⅱ[刀]	連 이을 련 4Ⅱ[辶]	母 어미 모 8급[母]	法 법 법 5Ⅱ[水]
都 도읍 도 5급[邑]	列 벌릴 렬 4Ⅱ[刀]	毛 터럭 모 4Ⅱ[毛]	壁 벽 벽 4Ⅱ[土]
島 섬 도 5급[山]	令 하여금령 5급[人]	木 나무 목 8급[木]	邊 가 변 4Ⅱ[辶]
毒 독 독 4Ⅱ[母]	領 거느릴령 5급[頁]	目 눈 목 6급[目]	變 변할 변 5Ⅱ[言]
讀 읽을 독 6급[言]	例 법식 례 6급[人]	牧 칠 목 4Ⅱ[牛]	別 다를 별 6급[刀]
구절 두	禮 예도 례 6급[示]	無 없을 무 5급[火]	病 병 병 6급[疒]
獨 홀로 독 5Ⅱ[犬]	老 늙을 로 7급[耂]	武 호반 무 4Ⅱ[止]	兵 병사 병 5Ⅱ[八]
督 감독할독 4Ⅱ[目]	路 길 로 6급[足]	務 힘쓸 무 4Ⅱ[力]	步 걸음 보 4Ⅱ[止]
同 한가지동 7급[口]	勞 일할 로 5Ⅱ[力]	文 글월 문 7급[文]	寶 보배 보 4Ⅱ[宀]
洞 골 동 7급[水]	綠 푸를 록 6급[糸]	門 문 문 8급[門]	保 지킬 보 4Ⅱ[人]
밝을 통	錄 기록할록 4Ⅱ[金]	問 물을 문 7급[口]	報 갚을 보 4Ⅱ[土]
銅 구리 동 4Ⅱ[金]	論 논할 론 4Ⅱ[言]	聞 들을 문 6급[耳]	服 옷 복 6급[月]
東 동녘 동 8급[木]	料 헤아릴료 5급[斗]	物 물건 물 7Ⅱ[牛]	復 회복할복 4Ⅱ[彳]
童 아이 동 6급[立]	留 머무를류 4Ⅱ[田]	未 아닐 미 4Ⅱ[木]	다시 부
動 움직일동 7Ⅱ[力]	類 무리 류 5Ⅱ[頁]	味 맛 미 4Ⅱ[口]	福 복 복 5Ⅱ[示]
冬 겨울 동 7급[冫]	流 흐를 류 5Ⅱ[水]	米 쌀 미 6급[米]	本 근본 본 6급[木]
斗 말 두 4Ⅱ[斗]	陸 뭍 륙 5Ⅱ[阜]	美 아름다울미 6급[羊]	奉 받들 봉 5Ⅱ[大]
豆 콩 두 4Ⅱ[豆]	六 여섯 륙 8급[八]	民 백성 민 8급[氏]	夫 지아비부 7급[大]
頭 머리 두 6급[頁]	律 법칙 률 4Ⅱ[彳]	密 빽빽할밀 4Ⅱ[宀]	部 떼 부 6Ⅱ[邑]
得 얻을 득 4Ⅱ[彳]	利 이할 리 6급[刀]		府 마을 부 4Ⅱ[广]
登 오를 등 7급[癶]	李 오얏 리 6급[木]	**ㅂ**	婦 며느리부 4Ⅱ[女]
燈 등 등 4Ⅱ[火]	里 마을 리 7급[里]	朴 성 박 6급[木]	富 부자 부 4Ⅱ[宀]
等 무리 등 6Ⅱ[竹]	理 다스릴리 6급[玉]	博 넓을 박 4Ⅱ[十]	副 버금 부 4Ⅱ[刀]
	林 수풀 림 7급[木]	班 나눌 반 6Ⅱ[玉]	父 아비 부 8급[父]
ㄹ	立 설 립 7Ⅱ[立]	反 돌아올반 6Ⅱ[又]	北 북녘 북 8급[匕]
羅 벌릴 라 4Ⅱ[网]		半 반 반 6Ⅱ[十]	달아날배
落 떨어질락 5급[艹]	**ㅁ**	發 필 발 6Ⅱ[癶]	分 나눌 분 6Ⅱ[刀]
樂 즐길 락 6Ⅱ[木]	馬 말 마 5급[馬]	方 모 방 7Ⅱ[方]	佛 부처 불 4Ⅱ[人]
노래 악	萬 일만 만 8급[艹]	防 막을 방 4Ⅱ[阜]	不 아닐 불 7Ⅱ[一]
좋아할요	滿 찰 만 4Ⅱ[水]	訪 찾을 방 4Ⅱ[言]	備 갖출 비 4Ⅱ[人]
朗 밝을 랑 5Ⅱ[月]	末 끝 말 5급[木]	房 방 방 4Ⅱ[戶]	比 견줄 비 5급[比]
來 올 래 7급[人]	亡 망할 망 5급[亠]	放 놓을 방 6Ⅱ[攴]	飛 날 비 4Ⅱ[飛]
冷 찰 랭 5급[冫]	望 바랄 망 5Ⅱ[月]	倍 곱 배 5급[人]	非 아닐 비 4Ⅱ[非]
兩 두 량 4Ⅱ[入]	每 매양 매 7Ⅱ[母]	配 나눌 배 4Ⅱ[酉]	悲 슬플 비 4Ⅱ[心]
量 헤아릴량 5급[里]	賣 팔 매 5급[貝]	背 등 배 4Ⅱ[肉]	費 쓸 비 5급[貝]
良 어질 량 5Ⅱ[艮]	買 살 매 5급[貝]	拜 절 배 4Ⅱ[手]	鼻 코 비 5급[鼻]
麗 고울 려 4Ⅱ[鹿]	脈 줄기 맥 4Ⅱ[肉]	白 흰 백 8급[白]	貧 가난할빈 4Ⅱ[貝]
旅 나그네려 5Ⅱ[方]	面 낯 면 7급[面]	百 일백 백 7급[白]	氷 얼음 빙 5급[水]
歷 지날 력 5Ⅱ[止]	明 밝을 명 6Ⅱ[日]	番 차례 번 6급[田]	
力 힘 력 7Ⅱ[力]	名 이름 명 7Ⅱ[口]	罰 벌할 벌 4Ⅱ[网]	**ㅅ**

四	넉	사	8급[口]	船	배	선	5급[舟]	首	머리	수	5급[首]	十	열	십	8급[十]
社	모일	사	6II[示]	仙	신선	선	5II[人]	水	물	수	8급[水]
舍	집	사	4II[舌]	線	줄	선	6II[糸]	授	줄	수	4II[手]			○	
寫	베낄	사	5급[宀]	善	착할	선	5급[口]	受	받을	수	4II[又]	兒	아이	아	5II[儿]
史	사기	사	5II[口]	雪	눈	설	6II[雨]	數	셈	수	7급[攵]	惡	악할	악	5II[心]
謝	사례할사		4II[言]	說	말씀	설	5II[言]	手	손	수	7II[手]		미워할오		
思	생각	사	5급[心]		달랠	세		守	지킬	수	4II[宀]	眼	눈	안	4II[目]
士	선비	사	5II[士]	設	베풀	설	4II[言]	宿	잘	숙	5II[宀]	安	편안	안	7II[宀]
仕	섬길	사	5II[人]	星	별	성	4II[日]		별자리수			案	책상	안	5급[木]
師	스승	사	4II[巾]	省	살필	성	6II[目]	純	순수할순		4II[糸]	暗	어두울암		4II[日]
事	일	사	7II[亅]		덜	생		順	순할	순	5II[頁]	壓	누를	압	4II[土]
寺	절	사	4II[寸]	姓	성	성	7II[女]	術	재주	술	6II[行]	愛	사랑	애	6급[心]
查	조사할사		5급[木]	性	성품	성	5II[心]	習	익힐	습	6급[羽]	液	진	액	4II[水]
死	죽을	사	6급[歹]	聖	성인	성	4II[耳]	勝	이길	승	6급[力]	夜	밤	야	6급[夕]
使	하여금사		6급[人]	成	이룰	성	6II[戈]	承	이을	승	4II[手]	野	들	야	6급[里]
産	낳을	산	5II[生]	城	재	성	4II[土]	時	때	시	7II[日]	約	맺을	약	5II[糸]
山	메	산	8급[山]	誠	정성	성	4II[言]	施	베풀	시	4II[方]	藥	약	약	6급[艹]
算	셈	산	7급[竹]	盛	성할	성	4II[皿]	示	보일	시	5급[示]	弱	약할	약	6급[弓]
殺	죽일	살	4II[殳]	聲	소리	성	4II[耳]	視	볼	시	4II[見]	養	기를	양	5II[食]
	감할	쇄		細	가늘	세	4II[糸]	始	비로소시		6II[女]	陽	볕	양	6급[阜]
三	석	삼	8급[一]	稅	세금	세	4II[禾]	是	이	시	4II[日]	羊	양	양	4II[羊]
常	떳떳할상		4II[巾]	洗	씻을	세	5II[水]	市	저자	시	7II[巾]	洋	큰바다양		6급[水]
賞	상줄	상	5급[貝]	世	인간	세	7II[一]	詩	시	시	4II[言]	魚	고기	어	5급[魚]
床	상	상	4II[广]	歲	해	세	5II[止]	試	시험	시	4II[言]	漁	고기잡을어		5급[水]
相	서로	상	5II[目]	勢	형세	세	4II[力]	式	법	식	6급[弋]	語	말씀	어	7급[言]
想	생각	상	4II[心]	素	본디	소	4II[糸]	息	쉴	식	4II[心]	億	억	억	5급[人]
上	위	상	7II[一]	所	바	소	7급[戶]	食	먹을	식	7II[食]	言	말씀	언	6급[言]
商	장사	상	5II[口]	消	사라질소		6II[水]	識	알	식	5II[言]	業	업	업	6II[木]
狀	형상	상	4II[犬]	掃	쓸	소	4II[手]		기록할지			如	같을	여	4II[女]
	문서	장		笑	웃음	소	4II[竹]	植	심을	식	7급[木]	餘	남을	여	4II[食]
色	빛	색	7급[色]	小	작을	소	8급[小]	申	납	신	4II[田]	逆	거스릴역		4II[辶]
生	날	생	8급[生]	少	적을	소	7급[小]	神	귀신	신	6II[示]	硏	갈	연	4II[石]
書	글	서	6II[曰]	束	묶을	속	5II[木]	身	몸	신	6II[身]	然	그럴	연	7급[火]
西	서녘	서	8급[襾]	速	빠를	속	6급[辶]	信	믿을	신	6II[人]	煙	연기	연	4II[火]
序	차례	서	5급[广]	續	이을	속	4II[糸]	新	새	신	6II[斤]	演	펼	연	4II[水]
石	돌	석	6급[石]	俗	풍속	속	4II[人]	臣	신하	신	5II[臣]	熱	더울	열	5급[火]
席	자리	석	6급[巾]	孫	손자	손	6급[子]	實	열매	실	5II[宀]	葉	잎	엽	5급[艹]
夕	저녁	석	7급[夕]	送	보낼	송	4II[辶]	失	잃을	실	6급[大]	英	꽃부리영		6급[艹]
選	가릴	선	5급[辶]	收	거둘	수	4II[攵]	室	집	실	8급[宀]	榮	영화	영	4II[木]
鮮	고울	선	5II[魚]	樹	나무	수	6급[木]	深	깊을	심	4II[水]	永	길	영	6급[水]
先	먼저	선	8급[儿]	修	닦을	수	4II[人]	心	마음	심	7급[心]	藝	재주	예	4II[艹]

- 146 -

誤	그르칠 오	4Ⅱ[言]	育	기를 육	7급[肉]	在	있을 재	6급[土]	祭	제사 제	4Ⅱ[示]
五	다섯 오	8급[二]	銀	은 은	6급[金]	才	재주 재	6급[手]	際	즈음 제	4Ⅱ[阜]
午	낮 오	7급[十]	恩	은혜 은	4Ⅱ[心]	材	재목 재	5급[木]	調	고를 조	5급[言]
玉	구슬 옥	4Ⅱ[玉]	陰	그늘 음	4Ⅱ[阜]	財	재물 재	5급[貝]	操	잡을 조	5급[手]
屋	집 옥	5급[尸]	飮	마실 음	6급[食]	災	재앙 재	5급[火]	鳥	새 조	4Ⅱ[鳥]
溫	따뜻할 온	6급[水]	音	소리 음	6급[音]	爭	다툴 쟁	5급[爪]	朝	아침 조	6급[月]
完	완전할 완	5급[宀]	邑	고을 읍	7급[邑]	低	낮을 저	4Ⅱ[人]	早	이를 조	4Ⅱ[日]
往	갈 왕	4Ⅱ[彳]	應	응할 응	4Ⅱ[心]	貯	쌓을 저	5급[貝]	祖	할아비 조	7급[示]
王	임금 왕	8급[玉]	義	옳을 의	4Ⅱ[羊]	的	과녁 적	5급[白]	助	도울 조	4Ⅱ[力]
外	바깥 외	8급[夕]	議	의논할 의	4Ⅱ[言]	赤	붉을 적	5급[赤]	造	지을 조	4Ⅱ[辶]
謠	노래 요	4Ⅱ[言]	意	뜻 의	6Ⅱ[心]	敵	대적할 적	4Ⅱ[攵]	族	겨레 족	6급[方]
曜	빛날 요	5급[日]	衣	옷 의	6급[衣]	傳	전할 전	5급[人]	足	발 족	7Ⅱ[足]
要	요긴할 요	5Ⅱ[襾]	醫	의원 의	6급[酉]	田	밭 전	4Ⅱ[田]	尊	높을 존	4Ⅱ[寸]
浴	목욕할 욕	5급[水]	耳	귀 이	5급[耳]	電	번개 전	7Ⅱ[雨]	卒	마칠 졸	5Ⅱ[十]
用	쓸 용	6급[用]	二	두 이	8급[二]	典	법 전	5Ⅱ[八]	宗	마루 종	4Ⅱ[宀]
勇	날랠 용	6Ⅱ[力]	以	써 이	5Ⅱ[人]	戰	싸울 전	6급[戈]	終	마칠 종	5급[糸]
容	얼굴 용	4Ⅱ[宀]	移	옮길 이	4Ⅱ[禾]	前	앞 전	7Ⅱ[刀]	種	씨 종	5Ⅱ[禾]
友	벗 우	5Ⅱ[又]	益	더할 익	4Ⅱ[皿]	全	온전 전	7Ⅱ[入]	左	왼 좌	7Ⅱ[工]
牛	소 우	5급[牛]	引	끌 인	4Ⅱ[弓]	展	펼 전	5Ⅱ[尸]	罪	허물 죄	5급[四]
右	오른 우	7Ⅱ[口]	印	도장 인	4Ⅱ[卩]	絶	끊을 절	4Ⅱ[糸]	州	고을 주	5Ⅱ[川]
雨	비 우	5Ⅱ[雨]	認	알 인	4Ⅱ[言]	切	끊을 절	5Ⅱ[刀]	晝	낮 주	6급[日]
雲	구름 운	5Ⅱ[雨]	因	인할 인	5급[口]		온통 체		走	달릴 주	4Ⅱ[走]
運	옮길 운	6Ⅱ[辶]	人	사람 인	8급[人]	節	마디 절	5Ⅱ[竹]	主	주인 주	7급[丶]
雄	수컷 웅	5급[隹]	日	날 일	8급[日]	店	가게 점	5Ⅱ[广]	住	살 주	7급[人]
原	언덕 원	5급[厂]	一	한 일	8급[一]	接	이을 접	4Ⅱ[手]	注	부을 주	6Ⅱ[水]
願	원할 원	5급[頁]	任	맡길 임	5Ⅱ[人]	程	길 정	4Ⅱ[禾]	週	주일 주	5Ⅱ[辶]
遠	멀 원	6급[辶]	入	들 입	7급[入]	庭	뜰 정	6Ⅱ[广]	竹	대 죽	4Ⅱ[竹]
園	동산 원	6급[囗]				情	뜻 정	5Ⅱ[心]	準	준할 준	4Ⅱ[水]
員	인원 원	4Ⅱ[口]	**ㅈ**			精	정할[潔] 정	4Ⅱ[米]	中	가운데 중	8급[丨]
圓	둥글 원	4Ⅱ[口]				停	머무를 정	5급[人]	重	무거울 중	7급[里]
元	으뜸 원	5Ⅱ[儿]	子	아들 자	7Ⅱ[子]	正	바를 정	7Ⅱ[止]	衆	무리 중	4Ⅱ[血]
院	집 원	5급[阜]	字	글자 자	7급[子]	政	정사 정	4Ⅱ[攵]	增	더할 증	4Ⅱ[土]
月	달 월	8급[月]	者	놈 자	6급[耂]	定	정할 정	6급[宀]	支	지탱할 지	4Ⅱ[支]
偉	클 위	5Ⅱ[人]	自	스스로 자	7Ⅱ[自]	除	덜 제	4Ⅱ[阜]	指	가리킬 지	4Ⅱ[手]
衛	지킬 위	4Ⅱ[行]	昨	어제 작	6Ⅱ[日]	濟	건널 제	4Ⅱ[水]	志	뜻 지	4Ⅱ[心]
位	자리 위	5급[人]	作	지을 작	6Ⅱ[人]	提	끌 제	4Ⅱ[手]	地	땅 지	7급[土]
爲	할 위	4Ⅱ[爪]	將	장수 장	4Ⅱ[寸]	題	제목 제	6Ⅱ[頁]	知	알 지	5Ⅱ[矢]
由	말미암을 유	6급[田]	場	마당 장	7Ⅱ[土]	弟	아우 제	8급[弓]	至	이를 지	4Ⅱ[至]
油	기름 유	6급[水]	章	글 장	6급[立]	第	차례 제	6Ⅱ[竹]	紙	종이 지	7급[糸]
有	있을 유	7급[月]	障	막을 장	4Ⅱ[阜]	制	절제할 제	4Ⅱ[刀]	止	그칠 지	5급[止]
肉	고기 육	4Ⅱ[肉]	長	긴 장	8급[長]	製	지을 제	4Ⅱ[衣]	直	곧을 직	7Ⅱ[目]
			再	두 재	5급[冂]						

職	직분	직	4Ⅱ	[耳]
進	나아갈	진	4Ⅱ	[辶]
眞	참	진	4Ⅱ	[目]
質	바탕	질	5Ⅱ	[貝]
集	모을	집	6Ⅱ	[隹]

ㅊ

次	버금	차	4Ⅱ	[欠]
着	붙을	착	5Ⅱ	[目]
察	살필	찰	4Ⅱ	[宀]
參	참여할	참	5Ⅱ	[厶]
	석	삼		
創	비롯할	창	4Ⅱ	[刀]
窓	창	창	6Ⅱ	[穴]
唱	부를	창	5급	[口]
責	꾸짖을	책	5Ⅱ	[貝]
處	곳	처	4Ⅱ	[虍]
川	내	천	7급	[川]
千	일천	천	7급	[十]
天	하늘	천	7급	[大]
鐵	쇠	철	5급	[金]
靑	푸를	청	8급	[靑]
淸	맑을	청	6Ⅱ	[水]
請	청할	청	4Ⅱ	[言]
體	몸	체	6Ⅱ	[骨]
初	처음	초	5급	[刀]
草	풀	초	7급	[艹]
寸	마디	촌	8급	[寸]
村	마을	촌	7급	[木]
總	다	총	4Ⅱ	[糸]
銃	총	총	4Ⅱ	[金]
最	가장	최	5급	[曰]
秋	가을	추	7급	[禾]
蓄	모을	축	4Ⅱ	[艹]
祝	빌	축	5급	[示]
築	쌓을	축	4Ⅱ	[竹]
春	봄	춘	7급	[日]
出	날	출	7급	[凵]
蟲	벌레	충	4Ⅱ	[虫]
充	채울	충	5Ⅱ	[儿]
忠	충성	충	4Ⅱ	[心]

取	가질	취	4Ⅱ	[又]
測	헤아릴	측	4Ⅱ	[水]
治	다스릴	치	4Ⅱ	[水]
置	둘	치	4Ⅱ	[罒]
齒	이	치	4Ⅱ	[齒]
致	이를	치	5급	[至]
則	법칙	칙	5급	[刀]
	곧	즉		
親	친할	친	6급	[見]
七	일곱	칠	8급	[一]
侵	침노할	침	4Ⅱ	[人]

ㅋ, ㅌ

快	쾌할	쾌	4Ⅱ	[心]
他	다를	타	5급	[人]
打	칠	타	5급	[手]
卓	높을	탁	5급	[十]
炭	숯	탄	5급	[火]
態	모습	태	4Ⅱ	[心]
太	클	태	6급	[大]
宅	집	택	5Ⅱ	[宀]
土	흙	토	8급	[土]
統	거느릴	통	4Ⅱ	[糸]
通	통할	통	6급	[辶]
退	물러날	퇴	4Ⅱ	[辶]
特	특별할	특	6급	[牛]

ㅍ

波	물결	파	4Ⅱ	[水]
破	깨뜨릴	파	4Ⅱ	[石]
板	널	판	5급	[木]
八	여덟	팔	8급	[八]
敗	패할	패	5급	[攵]
便	편할	편	7급	[人]
	오줌	변		
平	평평할	평	7Ⅱ	[干]
包	쌀[감쌀]	포	4Ⅱ	[勹]
砲	대포	포	4Ⅱ	[石]
布	베	포	4Ⅱ	[巾]
暴	사나울	폭	4Ⅱ	[日]
表	겉	표	6급	[衣]

票	표	표	4Ⅱ	[示]
品	물건	품	5Ⅱ	[口]
風	바람	풍	6Ⅱ	[風]
豊	풍년	풍	4Ⅱ	[豆]
必	반드시	필	5Ⅱ	[心]
筆	붓	필	5Ⅱ	[竹]

ㅎ

河	물	하	5급	[水]
下	아래	하	7Ⅱ	[一]
夏	여름	하	7급	[夂]
學	배울	학	8급	[子]
韓	나라	한	8급	[韋]
寒	찰	한	5급	[宀]
限	한할	한	4Ⅱ	[阜]
漢	한수	한	7Ⅱ	[水]
合	합할	합	6급	[口]
港	항구	항	4Ⅱ	[水]
航	배	항	4Ⅱ	[舟]
海	바다	해	7Ⅱ	[水]
解	풀	해	4Ⅱ	[角]
害	해할	해	5Ⅱ	[宀]
行	다닐	행	6급	[行]
	항렬	항		
幸	다행	행	6Ⅱ	[干]
鄕	시골	향	4Ⅱ	[邑]
香	향기	향	4Ⅱ	[香]
向	향할	향	6급	[口]
虛	빌	허	4Ⅱ	[虍]
許	허락	허	5급	[言]
驗	시험할	험	4Ⅱ	[馬]
現	나타날	현	6Ⅱ	[玉]
賢	어질	현	4Ⅱ	[貝]
血	피	혈	4Ⅱ	[血]
協	화할	협	4Ⅱ	[十]
形	모양	형	6Ⅱ	[彡]
兄	형	형	8급	[儿]
惠	은혜	혜	4Ⅱ	[心]
護	도울	호	4Ⅱ	[言]
湖	호수	호	5급	[水]
呼	부를	호	4Ⅱ	[口]

號	이름	호	6급	[虍]
好	좋을	호	4Ⅱ	[女]
戶	집	호	4Ⅱ	[戶]
畵	그림	화	6급	[田]
	그을	획		
化	될	화	5Ⅱ	[匕]
花	꽃	화	7급	[艹]
貨	재물	화	4Ⅱ	[貝]
話	말씀	화	7Ⅱ	[言]
火	불	화	8급	[火]
和	화할	화	6Ⅱ	[口]
確	굳을	확	4Ⅱ	[石]
患	근심	환	5급	[心]
活	살	활	7Ⅱ	[水]
黃	누를	황	6급	[黃]
回	돌아올	회	4Ⅱ	[口]
會	모일	회	6Ⅱ	[曰]
效	본받을	효	5Ⅱ	[攵]
孝	효도	효	7Ⅱ	[子]
後	뒤	후	7Ⅱ	[彳]
訓	가르칠	훈	6급	[言]
休	쉴	휴	7급	[人]
凶	흉할	흉	5Ⅱ	[凵]
黑	검을	흑	5급	[黑]
吸	마실	흡	4Ⅱ	[口]
興	일	흥	4Ⅱ	[臼]
希	바랄	희	4Ⅱ	[巾]

·
·
·
·
·
·
·

8급~4급Ⅱ까지
750字입니다.

재미있는 한자 퍼즐 놀이

(빈 칸에 한자로 써 보세요)

● 가로풀이 ●

1. 입은 있으나 할 말이 없음
2. 물건과 마음(물심양면)
4. 몸(신체검사)
5. 하늘을 공경하고 남을 사랑함
8. 같은 자리
10. 하나를 들으면 열을 앎
11. 노래 부르는 사람

● 세로풀이 ●

3. 쓸모가 없는 물건
5. 노인을 공경하는 자리
6. 나라를 사랑하며 부르는 노래
7. 손과 발
9. 모든 것을 알고 모든 것에 능함
12. 마음과 몸
13. 새로운 소식을 들음

가로풀이: ①有口無言 ②物心 ④身體 ⑤敬天愛人 ⑧同席 ⑩聞一知十 ⑪歌手
세로풀이: ③無用之物 ⑤敬老席 ⑥愛國歌 ⑦手足 ⑨全知全能 ⑫心身 ⑬新聞

시험 대비의 최종점검입니다.
확인 해 보고 부족한 부분은 한 번 더 노력합시다.

　　⑴ 배정한자(모양, 뜻, 음) …… 9
　　　　▶4Ⅱ일람표 / 40쪽
　　　　▶본문활용단어훈음 / 69쪽
　　⑵ 고사성어 …………………… 31
　　⑶ 단어공부 : [단　　문] …… 100
　　　　　　　　[신문사설] …… 102
　　　　　　　　[생활한자] …… 103
　　⑷ 반대자·유의자 …………… 107
　　⑸ 약자 ………………………… 115
　　⑹ 부수 ………………………… 117
　　⑺ 동음이의어와 장단음……… 118
　　⑻ 뜻풀이와 조어력

4급Ⅱ 750자에 관한 모든 것을 익히고 다음 급수에 임하고자 합니다.	부모님확인란